Andreas Geitl

FEINE BAYERISCHE KÜCHE

rosenheimer

Alle Rezepte sind, wenn nicht anders angegeben,
für 4 Personen berechnet.

Abkürzungsverzeichnis:

TL	=	Teelöffel
EL	=	Esslöffel
g	=	Gramm
kg	=	Kilogramm
Msp	=	Messerspitze
ml	=	Milliliter
cl	=	Zentiliter
l	=	Liter

Kleines Sprachlexikon:

Gmias	=	Gemüse
G'röstl	=	Geröstetes
Pflanzerl	=	Frikadelle
Reherl	=	Pfifferlinge
Schmankerl	=	Leckerei, Leckerbissen
Schwammerl	=	Pilze
Stamperl	=	Schnapsglas
Supp'n	=	herzhafte, kräftige und nahrhafte Suppe
Supperl	=	leichte, meist aufgeschäumte Suppe
Topfen	=	Quark
Zipfe	=	Wurstenden, Würste; hier: fingerdicke Teigrollen

erstmals erschienen bei FOLTYS Edition
4., überarbeitete und ergänzte Auflage

Titelbild, Food Fotografie und Autorenbilder: Studio L'Eveque, München
Redaktion: Prof. Dr. Dr. R. Schreiber
Satz: Simon Print Medien Service, Rosenheim
Lithografie: MCR, Holzkirchen
Druck und
Bindung: BAWA Print & Partner GmbH, München

ISBN 3-475-52892-4

Inhaltsverzeichnis

Vorwort

Dies ist kein Buch für eine „Hopplahopp-Küche“. Natürlich gibt es Gerichte, die man ruckzuck auf den Tisch bringen kann. Dieses Buch, liebe Freunde einer guten Küche, soll Sie zum Spaß am Kochen animieren. Genießen Sie schon die Vor- und die Zubereitung, wie anschließend das Essen selbst. Nehmen Sie sich ein wenig Zeit, um ein Essen vorzuplanen, vor allem dann, wenn Sie Gäste einladen. Bereiten Sie alles möglichst gut vor, damit zum Schluss nichts mehr schief gehen kann. Es ist besser, eine Suppe in Ruhe fertig zu kochen, sie abkühlen zu lassen, um sie später zu gegebener Zeit wieder zu erwärmen, anstatt diese hastig und im letzten Augenblick zu fabrizieren. Wir Köche sagen: gut vorbereitet ist halb serviert.

Geben Sie einem Gericht ihre persönliche Note. Lassen Sie sich von den Rezepten inspirieren, von den Fotos, von der Jahreszeit, vom Angebot auf dem Markt und auch von dem, was gerade in Ihrem Kühlschrank steht.

Hundertprozentig die Vorgabe nachzukochen, macht doch nicht so viel Spaß, wie Ihre eigene Fantasie miteinfließen zu lassen.

Für diese Auflage der *Feinen Bayerischen Küche* habe ich die Rezepte nochmals überarbeitet und weitere hinzugefügt. Fantasievolle, eher fleischlose Gerichte spielen die Hauptrolle. Sie werden für jede Gelegenheit und Laune das Richtige finden, davon bin ich überzeugt. Vielleicht ist Ihnen heute nach einer besonders leichten Küche zumute, morgen nach einem deftigen Braten mit reichlich vollmundiger Sauce zum Löffeln. Vielleicht wollen Sie sich einmal selbst mit einer Vorspeise überraschen, wie Sie Ihnen gerade in den Sinn kommt. Vielleicht variieren Sie das eine oder andere Rezept, ändern eine Beilagenempfehlung.

Machen Sie's, tun Sie's einfach. Sie werden sehen, es macht Spaß und es ist plötzlich „Ihr Rezept“.

Und noch eins, genießen Sie's: Kochen und Essen!

Ihr *Andreas Geitl*

Vorspeisen und für kleinere Gelüste

Joghurtsülze vom Lachs und seinem Kaviar

Fleischpflanzerl

Blutwurst-Birnen-Strudel auf Sauerkrautsauce

Schrobenhausener Spargel à l'Orange

Bayerischer Flusskrebs mit gefülltem Rucksack

Schwarzer und weißer Presssack von Edelfischen

Tafelspitz in Tomatengelee

Traubensalat mit Lachsforelle

Schwammerlsulz'n mit gebratenem Rehfilet

Gesottenes Kalbsherz auf lauwarmem Reherlsalat

Joghurtsülze vom Lachs und seinem Kaviar

2	Schalotten, geschält und fein gehackt
250 ml	trockener Weißwein
400 g	Lachs, entgrätet, in 1/2 cm dicke Scheiben geschnitten
500g	Vollmilchjoghurt
100 g	Crème fraîche
	Salz und weißer Pfeffer
	Saft von 1/2 Zitrone
30 bis 40 g	Gelatinepulver
60 g	Lachskaviar
	Klarsichtfolie

Die Schalotten in einem breiten Topf mit dem Weißwein dünsten. Die Lachsscheiben einlegen und ca. 1 Minute pochieren. Den Topf vom Herd ziehen, den Fisch vorsichtig herausnehmen und kalt stellen.
Joghurt und Crème fraîche glatt rühren und mit Salz, Pfeffer und Zitronensaft würzen.
Das Gelatinepulver in den erkalteten Weinsud einrühren, kurz aufkochen und durch ein Sieb passieren.
Den heißen Weinsud (ca. 50 °C) schnell in die Joghurtcreme einrühren. Den Kaviar unterheben.
Die Terrinenform mit Klarsichtfolie auslegen. Die Joghurtcreme eingießen, bis der Boden der Form bedeckt ist. Darauf einen Teil der Lachsscheiben legen, dann wieder eine Schicht Joghurtcreme einfüllen. Abwechselnd fortfahren, bis alles aufgebraucht ist.
Die Sülze mit Folie abdecken und zum Festwerden mindestens 6 Stunden in den Kühlschrank stellen. Die Sülze mit einem elektrischen Messer aufschneiden.

Für Küchenanfänger nicht gleich beim ersten Probekochen zu empfehlen, da der Umgang mit Gelatine ein wenig Geschick und Übung verlangt. Sollte die Masse bereits während des Einfüllens zu Stocken beginnen, nochmals leicht erwärmen. Vorsicht, der Lachs sollte nicht zu lange garen. Mit kleinen Bratkartoffeln oder Reiberdatschis servieren. *Die Joghurtsülze ist abgebildet auf Seite 6.*

Fleischpflanzerl

(für 4–5 Personen mit gutem Hunger)

120 g	Zwiebeln, fein gewürfelt
150 g	Champignons, bzw. Pfifferlinge oder Maronipilze
70 g	Butter
1/2 Bund	Blattpetersilie, gewaschen
600 g	gemischtes Hackfleisch
2	Semmeln vom Vortag, fein geschnitten
3	Eier
	Salz, Pfeffer, Curry, Majoran
1 bis 2 EL	Senf, mittelscharf
1 bis 2	Knoblauchzehen, gehackt
1 TL	Meerrettich (Konserve)
80 g	Sauerkraut, gehackt
	Butterschmalz zum Braten

Die gewürfelten Zwiebeln und die etwas zerkleinerten Pilze (bitte schauen Sie je nach Jahreszeit, von Mitte Juli bis Ende Oktober gibt's immer frische Waldpilze, ansonsten eben Champignons oder Egerlinge verwenden) in Butter gut anbraten, auf ein Brett geben und mit dem Messer nochmals (etwa auf Erbsengröße) klein hacken. Ebenso Petersilie (da darf ruhig etwas Stiel dabei sein) grob hacken.

In eine große Schüssel nun das Hackfleisch geben, dann die geschnittenen Semmeln dazu und die Eier darüberschlagen, sodass sie das Brot etwas anweichen.

Petersilie, Sauerkraut, Pilze, Salz, Pfeffer, etwas Curry, Majoran, Meerrettich und Knoblauch hinzufügen und das Ganze mit den Händen gut vermengen.

Am besten braten Sie ein kleines Test-Pflanzerl. Eventuell noch nachwürzen. Aus dieser Menge formen Sie knapp 20 Pflanzerl à 50 g. In Butterschmalz langsam braten.

Bitten Sie Ihren Metzger um nicht zu mageres Hackfleisch, sonst werden die Pflanzerl zu trocken.

Ob Sie nun Pflanzerl, Buletten, Frikadellen, Fleischkücherl oder Bratklopse sagen, hängt ganz davon ab in welcher Region Sie sie zubereiten. Selbstverständlich ist das Rezept auch variabel und ich würde mich freuen, wenn Sie es noch verbessern würden und Ihre ganz persönliche Note miteinbringen.

Was Sie zu den Pflanzerln servieren, überlasse ich völlig Ihrer Phantasie, der Jahreszeit oder den Gelüsten, die Sie gerade haben. Sollte Ihnen einmal nichts einfallen, so gibt's die Fleischpflanzerl halt unisono. Keiner wird etwas vermissen.

Blutwurst-Birnen-Strudel auf Sauerkrautsauce

	Zutaten für den Strudelteig
220 g	Mehl
125 ml	lauwarmes Wasser
20 ml	Öl
3 g	Salz
	Zutaten für die Füllung
3	festkochende Birnen, geschält, entkernt und in Spalten geschnitten
	Zucker
	Birnenschnaps nach Belieben
4	frische Blutwürste
1	Ei
	Salz und Pfeffer
	gepresster Knoblauch, Majoran
	etwas Butter zum Bepinseln
100 g	Sauerkraut, gekocht und etwas zerkleinert
1	Zwiebel, fein gewürfelt
500 ml	Bratensauce

Die Zutaten für den Strudel zu einem geschmeidigen Teig verarbeiten. Diesen in Klarsichtfolie wickeln und 40 Minuten an einem warmen Ort ruhen lassen.
Die Birnen mit Zucker, Birnenschnaps und einem Schuss Wasser bissfest dünsten. Den Ofen auf 200 °C vorheizen.
Die Blutwürste aus den Därmen drücken, mit einem Ei vermengen und mit etwas Pfeffer, Knoblauch und Majoran nachwürzen.
Den Strudelteig auf einem bemehlten Tuch ausziehen. Die Blutwurstmasse sowie die Birnenspalten darauf verteilen und anschließend zusammenrollen. Die Teigenden nach unten einschlagen und den Strudel auf ein gefettetes Backblech legen.
Mit Butter bepinseln und in den Ofen schieben. Ca. 35 Minuten backen, anschließend 20 Minuten ruhen lassen. Das Sauerkraut mit den Zwiebelwürfeln in Butter anschwitzen. Die Bratensauce aufgießen, kurz aufkochen und abschmecken. Den Strudel portionieren, die Sauce auf Teller geben und darauf den lauwarmen Strudel anrichten.

Eine nicht alltägliche Vorspeise, ein kleines Schmankerl für Zwischendurch als pikante Beigabe zum Bier oder mit einem schönen Kartoffelbrei als Hauptgericht.

Schrobenhausener Spargel à l'Orange

Zutaten für den Spargel

1 kg	frischer Spargel, geschält und um ca. 3 cm gekürzt
	Salz
1 Prise	Zucker
50 g	Butter

Zutaten für die Sauce

250 ml	frisch gepresster Orangensaft
	abgeriebene Schale einer $^1/_2$ Orange
1 Schuss	Sherry-Essig
125 ml	Olivenöl
	Salz und Pfeffer
1 Prise	Zucker
1	Eidotter
10 ml	Orangenlikör

In einem Topf entsprechend Wasser, Salz, Zucker und Butter zum Kochen bringen. Die Spargelstangen in das kochende Wasser legen und bei reduzierter Hitze etwa 5 bis 10 Minuten nicht zu weich garen.
Den Orangensaft mit den Geschmackszutaten kräftig aufschlagen und abschmecken. Die Orangensauce in eine breite, flache Schüssel füllen und den heißen Spargel vom Sud direkt einlegen. Die Schüssel abdecken und den Spargel mindestens 1 Stunde marinieren.

Die Spargelportionen sind klein berechnet, da zu dieser Vorspeise gebratene Lachshappen oder Schinkenscheiben zu empfehlen sind. Mit Stangenweißbrot und etwas Salat zu trockenem Weißwein servieren.
Als Hauptgericht rechnen Sie pro Person 500 g Spargel. Bitte achten Sie unbedingt darauf, dass der Spargel nicht zu weich kocht.
Das Foto zeigt den Spargel mit kandierter Orangenschale und Orangenfilets.

Bayerischer Flusskrebs mit gefülltem Rucksack

4	große Flusskrebse à 100 g
1 Schuss	Essig
	Kümmel
1	Bouquet garni (Gemüse-Kräuter-Bündel)
120 g	Lachsforellenfilet oder Lachsfleisch
2	Eier
60 ml	Sahne
	Salz, Pfeffer
	etwas Zitronensaft
	etwas Pernod
1 EL	frische Kräuter, gehackt
200 g	Garnelenfleisch, fein gewürfelt
1 EL	Olivenöl
400 g	Blätterteig, in 12 cm große, 3 mm dicke Rechtecke geschnitten
	Fett für das Backblech

Die Krebse in Wasser unter Zusatz von Essig, Kümmel sowie dem Bouquet garni 3 bis 4 Minuten sprudelnd kochen. Herausnehmen und in Eiswasser abschrecken. Die Krebsschwänze wegdrehen und das Fleisch ausbrechen. Die Därme entfernen und die leeren Krebskörper gründlich auswaschen und abtrocknen.

Das Lachsforellenfilet in der Küchenmaschine mit einem Ei, Sahne, Salz, Pfeffer, Zitronensaft und einem Schuss Pernod zu einer Farce verarbeiten. Zuletzt die Kräuter unterheben.

Das gewürfelte Garnelenfleisch in heißem Olivenöl 30 Sekunden scharf anbraten. Zusammen mit dem zerkleinerten Krebsfleisch und der Lachsforellenfarce vermengen und nochmals abschmecken.

Die Füllung auf die Blätterteig-Rechtecke legen, zusammenklappen und fest an die Krebsrücken drücken. Mit einem verquirlten Ei bestreichen und für 1 Stunde im Kühlschrank ruhen lassen.

Die Krebse auf ein gefettetes Backblech setzen und den nicht teigigen Teil mit Alufolie abdecken (sonst geht durch die starke Hitze die rote Krebsfarbe verloren).

Im vorgeheizten Backofen 10 Minuten bei 220 °C und 12 Minuten bei 190 °C garen.

Die „beladenen Krebse“ mit einem knackigen Salat und einer Joghurtsauce servieren. Bestreuen Sie den Teig vor dem Backen mit Gewürzen oder Mohn, Sesam, Leinsamen oder Haferflocken.

JUBILÄUMSCUVEE
12% VOL.

Schwarzer und weißer Presssack von Edelfischen

400 g	Edelfischfilets (Seezunge, Lachs, Steinbutt, Waller), gesäubert
1 l	Fischfond
60 g	Schalotten, gewürfelt
250 ml	Weißwein
	Essig
	Zitronensaft
15 g	Gelatinepulver
	Tinte vom Tintenfisch
150 g	geräucherte Forellenfilets
150 g	Aalfilet, geräuchert
120 g	Gemüsewürfel (Lauch, Sellerie, Karotte), blanchiert

Die Edelfischfilets einige Minuten im Fischfond pochieren. Aus dem Fond nehmen und kalt stellen. Die Schalottenwürfel in Weißwein solange köcheln, bis die Flüssigkeit verdampft ist.
Den Fischfond mit Essig und Zitronensaft kräftig würzen (er darf leicht überwürzt sein, denn im kalten Zustand lässt die Intensität nach) und auf 500 ml einkochen.
Die Gelatine beigeben und die Hälfte des Gelees mit Tinte färben, bis der gewünschte Farbton erreicht ist. Durch ein Sieb passieren.
Die pochierten Fischfilets zusammen mit den Räucherfischen, den Gemüse- und Schalottenwürfeln in zwei passende Terrinenformen schichten. Eine Terrine mit schwarzem und die andere mit weißem Gelee aufgießen. Abdecken und kalt stellen.

Je eine Scheibe weißen und schwarzen Presssack auf einem Teller anrichten und mit einer Salatvariation und Weißwein servieren.

FRANCE

Tafelspitz in Tomatengelee

1 kg	Tafelspitz
1	Zwiebel, geschält mit Gewürznelke und Lorbeerblatt gespickt
	einige Pfefferkörner
1	Kräutersträußchen
400 g	sehr reife Tomaten, geviertelt
	Salz, frisch gemahlener Pfeffer
	Balsamico-Essig nach Geschmack
20 bis 25 g	Gelatine
1 Prise	Zucker
150 g	Gemüsewürfel (Sellerie, Lauch, Karotten), blanchiert

Den Tafelspitz von dicken Sehnen befreien und in einen passenden Topf legen. Mit Wasser aufgießen, bis das Fleisch bedeckt ist. Die gespickte Zwiebel und die Pfefferkörner zum Fleisch geben und zum Kochen aufstellen. Den Schaum an der Oberfläche abschöpfen, damit die Brühe klar bleibt.

Etwa $^1/_2$ Stunde vor Ende der Garzeit das Kräutersträußchen und die Tomatenviertel zum Fleisch geben.

Das fertige Fleisch aus dem Topf nehmen und zum Abkühlen in kaltes Wasser legen. Anschließend quer zur Faser in dünne Scheiben schneiden. Auf eine Platte legen und mit Salz, Pfeffer und Balsamico-Essig marinieren.

Die Brühe durch ein Sieb passieren und auf 500 ml einkochen. Die Gelatine in der heißen Brühe auflösen und unter ständigem Rühren, am besten über Eiswasser, abkühlen. Mit den Gewürzen kräftig abschmecken.

Eine Terrinen- oder Kastenform mit Klarsichtfolie auslegen. Abwechselnd das fast stockende Tomatengelee, die Gemüsewürfel und Fleischscheiben einfüllen. Mit Folie abdecken und für mindestens 4 Stunden kalt stellen.

Aus der Form stürzen und in 1 cm dicke Scheiben schneiden.

Die Garzeit des Tafelspitz lässt sich schwer vorhersagen. Sie hängt ab vom Alter, Geschlecht und Rasse der Tiere sowie vom Reifegrad des Fleisches. Zwei Stunden sollten sie auf jeden Fall einplanen.

Dazu passen frische Salate, Rucola, eine Schnittlauchcreme und kleine Bratkartoffeln, siehe Foto. Wer einen noch pikanteren Geschmack wünscht, kann zusätzlich mit Meerrettich abschmecken.

Traubensalat mit Lachsforelle

125 ml	Fischfond
100 ml	Frankenwein (Weißwein)
1	Schalotte, fein gewürfelt
3 EL	Zitronensaft
1 Spritzer	Sherry-Essig
	Salz, frisch gemahlener Pfeffer
100 ml	Olivenöl
3 EL	Sahne
1 EL	frische Kräuter, gehackt
	verschiedene Blattsalate (Radicchio, Kopfsalat etc.)
ca. 200 g	Weintrauben, gewaschen, halbiert und entkernt
4	Lachsforellenfilets (ca. 320 g), völlig entgrätet
2 EL	Tomatenwürfel

Den Fischfond mit dem Wein und den Schalottenwürfeln aufkochen. Die Filets darin etwa 3 bis 4 Minuten gar ziehen lassen; herausnehmen und warm stellen.
Den Fischsud auf etwa 100 ml einkochen. Mit Zitronensaft, Sherry-Essig, Salz und Pfeffer abschmecken. Öl eingießen und mit dem Mixstab kräftig aufschlagen. Mit Sahne und Kräutern verfeinern.
Die Salate auf vier große Teller verteilen. Die Trauben darauf anrichten. Die Fischfilets häuten und dazugeben. Mit der Sahnevinaigrette übergießen und mit den Tomatenwürfeln garnieren.

Den Fisch nicht zu lange garen, denn er zieht während des Warmhaltens noch nach. Das Gericht sollte lauwarm serviert werden. Kaufen Sie bevorzugt Sultanatrauben. Sie sind süß, klein, kernlos und haben eine ganz dünne Haut.
Selbstverständlich lässt sich der Traubensalat ebenso mit einem anderen feinen Fisch zubereiten.

Volkacher
Qualitätswein
ABFÜLLER G.APFELBACHER

Schwammerlsulz'n mit gebratenem Rehfilet

400 g	gemischte Schwammerl (Steinpilze, Maroni, Pfifferlinge, Champignons, Austernpilze etc.), geputzt und grob gehackt
1	Zwiebel, fein gewürfelt
2	Knoblauchzehen, geschält und gehackt
100 ml	Olivenöl
	Klarsichtfolie
500 ml	Wild- oder Rinderbrühe
25 bis 30 g	Gelatine
	Salz, frisch gemahlener Pfeffer
	Balsamico-Essig nach Geschmack
150 g	Gemüsewürfel (Sellerie, Lauch, Karotten), blanchiert
2 EL	Petersilie, fein gehackt
200 g	Rehfilet, parürt (ohne Sehnen und Knochen)

Schwammerl zusammen mit der Zwiebel und dem Knoblauch in heißem Olivenöl kurz, aber scharf anbraten, salzen und pfeffern. In ein Sieb geben und auskühlen lassen.
Eine Kastenform mit der Folie auslegen. Die Brühe erhitzen und die Gelatine darin auflösen. Salzen, pfeffern und mit Balsamico-Essig kräftig würzen; abkühlen lassen.
Pilze, Gemüsewürfel und Petersilie in die Form füllen. Mit dem fast stockenden Gelee auffüllen und zugedeckt für mindestens 5 Stunden in den Kühlschrank stellen.
Das Rehfilet würzen und in Olivenöl zart rosa braten; noch 5 Minuten ruhen lassen.
Die Schwammerlsulz'n stürzen und in Scheiben schneiden. Zusammen mit dem lauwarmen in Scheiben geschnittenen Rehfilet servieren.

Dazu passt prima – wie auf dem Foto zu sehen – etwas Salat aus jungem Blaukraut.
Sülze und Terrinen mit einem elektrischen Messer schneiden. Das geht am einfachsten und die Scheiben sehen sehr gut aus.
Statt Rehfilet können Sie natürlich auch andere frisch gebratene Schmankerl mit der Sulz'n kombinieren, z. B. Geflügelbrüstchen, Kalbsstelzen, Ochsenfleisch oder gebratene Knödelscheiben und natürlich Salat.

Gesottenes Kalbsherz auf lauwarmem Reherlsalat

1	Zwiebel, geschält
1	Lorbeerblatt
1	Nelke
1	Kalbsherz, geputzt
1	Bouquet garni (Gemüse-Kräuter-Bündel)
3 EL	Sherry-Essig
	Salz und frisch gemahlener Pfeffer
1 Prise	Currypulver
5 EL	Olivenöl
2 EL	Walnussöl
	frische Kräuter, gehackt
1	Knoblauchzehe, geschält und gehackt
1 Spritzer	Sojasauce
80 g	Zwiebeln, gewürfelt und in Olivenöl angebraten
300 g	frische Reherl, geputzt und etwas zerkleinert

Die Zwiebel mit dem Lorbeerblatt und der Nelke spicken. Das Kalbsherz zusammen mit der gespickten Zwiebel sowie dem Bouquet garni in siedendem Wasser etwa 20 bis 35 Minuten rosa gar ziehen lassen.
In der Zwischenzeit die restlichen Zutaten – bis auf die Reherl – gut miteinander verrühren und die Reherl darin für mindestens 1 Stunde einlegen.
Das warme Kalbsherz in dünne Scheiben schneiden und leicht salzen. Mit dem erwärmten Reherlsalat anrichten.

Diese pikante Kombination von Kalbsherz und Reherl am besten auf einem Salatbouquet mit eingelegten Knödelscheiben anrichten, wie auf unserem Foto.

Suppen

Entenkraftbrühe mit Semmelpflanzerl

Holledauer Hochzeitssuppe

Basilikumsupperl mit Käseschöberl

Cappuccino aus Kastanien

Meerettichsupperl mit Ochsenfleischwürfeln

Kohlrabi-Kartoffelsuppe mit Trüffelgeschmack

Altbayerische Schwammerlsupp'n

Knoblauchcreme mit Weißbierkrusteln

Steinpilzsuppe mit Semmelknödelpiccata

Schaumsupperl aus geräucherten Forellen

Spargelrahmsuppe mit gebräunten Mandeln

Kartoffelsuppe

Entenkraftbrühe mit Semmelpflanzerl

	zerkleinerte Karkassen und Abschnitte von 2 Enten
400 g	Röstgemüse (Zwiebel, Sellerie, Karotten), gewürfelt
4 EL	Öl
50 ml	Madeira
	Wacholderbeeren
	Lorbeerblätter
	Pfefferkörner
	geriebene Orangenschale
	Nelken
1	Kräutersträußchen
2,5 l	Fleischbouillon
	für die Semmelpflanzerl
4	Semmeln vom Vortag
100 ml	heiße Milch
1/2 Bund	frische Petersilie
1 EL	frischer Kerbel, gehackt
2	Eier
	Salz
	Pfeffer
	Muskat
50 g	Butter

Die Knochen und Abschnitte unter kaltem Wasser waschen und gründlich abtrocknen. Das Gemüse putzen, schälen und grob zerschneiden.
In einem größeren Topf oder Bräter Öl erhitzen. Die Ententeile einlegen und von allen Seiten rasch anbraten. Das Gemüse einstreuen und das Ganze unter ständigem Rühren weiterrösten.
Mit Madeira ablöschen und dabei die Gewürze der Reihe nach beifügen. Anschließend mit der Brühe aufgießen.
Nach dem ersten Aufkochen die Oberfläche immer wieder abschäumen. Die Hitze zurückdrehen und die Brühe etwa 2 1/2 Stunden köcheln lassen.
Inzwischen die Semmelpflanzerl herstellen. Die Semmelwürfel mit lauwarmer Milch übergießen und zugedeckt ziehen lassen.
Die Petersilie zusammen mit dem Kerbel, den Eiern und den Gewürzen unter die Brotwürfel mengen. Mit nassen Händen aus dem Teig kleine Pflanzerl formen.

Die fertige Entenkraftbrühe durch ein mit einem Tuch ausgelegtes Sieb passieren. Auf die gewünschte Menge und Konsistenz reduzieren und dann abschmecken. In einer Pfanne die Butter schäumend erhitzen.
Die Pflanzerl einlegen und von beiden Seiten knusprig und goldgelb braten. Die Semmelpflanzerl in vorgewärmte, tiefe Teller legen und mit Entenkraftbrühe auffüllen.

Die Semmelpflanzerl lassen sich auch prima variieren, z. B. mit einigen Geflügelleberstückchen, die man in der Pfanne kurz anbrät, oder Speckwürfelchen, Pilzen bzw. Gemüsen oder Kräutern aller Art.

Das Foto hierzu finden Sie auf Seite 26.

Holledauer Hochzeitssuppe

	Zutaten für die Lebermasse
1	Zwiebel, geschält und gehackt
1	Knoblauchzehe, geschält und gehackt
20 g	Butter
300 g	Leber (Rind, Schwein oder Geflügel), durchgedreht
80 g	Rindermilz, durchgedreht
3	Eier
250 bis 300 g	Semmelbrösel
	Salz und frisch gemahlener Pfeffer
	Majoran
	abgeriebene Schale einer Zitrone
1/2 Bund	Petersilie, gehackt

	Zutaten für die Buttermasse
300 g	Butter
6	Eier, getrennt
100 g	Mehl
	Salz
1,5 l	Rinderbrühe
1 Bund	Schnittlauchröllchen

Zwiebel und Knoblauch in Butter glasig dünsten, zusammen mit Leber, Milz, Eiern und so viel Semmelbrösel in einer Schüssel vermengen, bis eine geschmeidige Masse entsteht. Mit Salz, Pfeffer, Majoran und Zitronenschale würzen. Zuletzt die Petersilie hinzufügen und beiseite stellen.
Für die helle Masse die Butter schaumig schlagen. Nach und nach die Eidotter und das Mehl beigeben. Das Eiweiß zu Schnee schlagen und vorsichtig unterheben. Leicht salzen.
Eine entsprechende Kuchenform (z. B. Gugelhupf) einbuttern und die Massen abwechseln einfüllen.
Abdecken und die Form in einem Wasserbad im Ofen bei etwa 160 °C 35 bis 50 Minuten garen. Herausnehmen, etwa 10 Minuten ruhen lassen, aus der Form stürzen. In Scheiben schneiden und in heißer Rindsbrühe mit frischen Schnittlauchröllchen servieren.

Bei einer echten Bauernhochzeit in der Holledau darf diese traditionelle Hochzeitssuppe nicht fehlen. Die Zubereitung klingt sehr schwierig, aber das ist sie eigentlich nicht. Lässt sich prima vorbereiten und wieder erwärmen.
Im Querschnitt sieht diese Suppeneinlage wie ein Marmorkuchen aus.
Die dunkle Masse steht für den Bräutigam, die helle natürlich für die Braut. Je nach Anteil der Massen wird bei der Hochzeit auf eine zukünftige Dominanz von Mann oder Frau gedeutet. Man sieht also, auch darauf hat der Koch bereits Einfluss.

Basilikumsupperl mit Käseschöberl

	Zutaten für die Käseschöberl
30 g	Butter
2	Eier, getrennt
3 EL	Sahne
	Salz und frisch gemahlener Pfeffer
50 g	Mehl
40 g	Allgäuer Bergkäse, gerieben

	Zutaten für die Basilikumsuppe
2	Schalotten, geschält und gehackt
1	Knoblauchzehe, geschält und gehackt
100 g	Butter
20 g	Mehl
750 ml	Rinder- oder Geflügelbrühe
250 ml	Sahne
	Salz und frisch gemahlener Pfeffer
	Muskat
2 Bund	Basilikum, die Blätter gewaschen, gezupft
30 g	Spinat, gewaschen

Den Backofen auf 190 °C vorheizen. Butter, Eidotter und Sahne mit den Gewürzen schaumig schlagen. Das Eiweiß zu steifem Schnee schlagen und zusammen mit dem Mehl unterheben.
Ein Backblech mit Backpapier auslegen und darauf die Schöberlmasse streichen. Mit Käse bestreuen. Im Backofen etwa 10 Minuten goldgelb backen. Abkühlen lassen und in Rauten oder Würfel schneiden.
Schalotten und Knoblauch in 50 g schäumender Butter glasig dünsten. Mit Mehl bestäuben, kurz rösten und mit Brühe aufgießen. Unter ständigem Rühren aufkochen und weitere 5 Minuten kochen lassen. Die Hälfte der Sahne zugießen, mit Salz, Pfeffer und Muskat würzen; die Suppe beiseite stellen.
Basilikumblättchen und Spinat in kochendem Wasser 3 Sekunden blanchieren und sofort in Eiswasser abschrecken. Zusammen mit der übrigen Sahne pürieren.
Dieses Püree mit der restlichen Butter in die Suppe einrühren und mit dem Mixstab aufschlagen, abschmecken und sofort mit den Käseschöberln servieren.

Um bei einer Kräutersuppe eine optimale grüne Farbe zu erhalten, fertigen Sie ein Püree aus den gewünschten Kräutern an und rühren es erst im letzten Moment in die Suppe. So bleibt nicht nur die Farbe, sondern auch der Geschmack erhalten. Den Spinat verwenden wir, um ein noch kräftigeres Grün zu erhalten. Er ist neutral im Geschmack. Statt Sahne können Sie auch Wasser zum Mixen der Kräuter verwenden.

Cappuccino aus Kastanien

für 4–5 Kaffeetassen

150 g	Kastanien, geschält
50 g	Butter
50 g	Zwiebeln, fein gewürfelt
30 g	Sellerie, geschält und in Würfel geschnitten
1 l	Brühe, evtl. etwas mehr
100 g	kräftige Grundsauce von Geflügel (Gans oder Ente)
	Salz, Pfeffer, ggf. etwas Feinwürzmittel
1 Schuss	Cognac
4 EL	Schlagsahne
1 TL	geröstete Pumpernickelbrösel

Die geschälten Kastanien (am besten und unkompliziertesten ist Tiefkühlware) werden etwas zerkleinert und in wenig Butter langsam geröstet.
Dann die Zwiebeln, die restliche Butter und den Sellerie beigeben und kurz mitrösten. Jetzt die Brühe auffüllen und alles etwas 30 bis 40 Minuten abgedeckt langsam weich kochen.
Anschließend im Mixer fein pürieren und die Grundsauce (am besten eignet sich Gänsesauce, die Sie vielleicht einmal vom Braten aufgehoben haben) zugeben.
Jetzt noch einmal aufkochen und mit Salz und Pfeffer sowie einem Schuss Cognac abschmecken.
In heiße Kaffeetassen füllen, ein Häubchen Schlagsahne aufsetzen, mit den Pumpernickelbröseln bestreuen und sofort servieren.

Falls sich die Flüssigkeit beim Garen zu stark reduziert, gießen Sie einfach noch etwas Wasser nach. Umgekehrt müssen Sie vielleicht die Suppe noch mehr einkochen, um die gewünschte Konsistenz zu bekommen. Es sollte etwa 0,75 l Suppe übrig bleiben.
Der Name für die Suppe ist natürlich klar. Die braune Kastaniensuppe mit der weißen Schlagsahne, die braune Kapuzenkutte mit dem weißen Kragen – voilà.

Meerrettichsupperl mit Ochsenfleischwürfeln

50 g	Butter
1	Zwiebel, geschält und gehackt
1	Knoblauchzehe, geschält und gehackt
1	Apfel, geschält, entkernt und in dünne Spalten geschnitten
300 g	Kartoffeln, geschält und klein gewürfelt
750 ml	kräftige Rinderbrühe
	Salz und frisch gemahlener Pfeffer
	Zucker
3 bis 4 EL	Meerrettich, frisch gerieben
250 g	Sahne
200 g	gekochtes Ochsenfleisch, klein gewürfelt
	frische Kräuter (Dill, Petersilie, Schnittlauch etc.), gehackt

In der Hälfte der Buttermenge Zwiebelwürfel, Knoblauch, Apfelspalten und Kartoffelwürfel andünsten. Mit Brühe aufgießen und in etwa 20 Minuten gar kochen lassen. Die Suppe mit einem Pürierstab zerkleinern, salzen, pfeffern und mit einer Prise Zucker abschmecken.
Die Suppe durch ein Sieb passieren, dann erneut zum Kochen aufstellen. Den Meerrettich, die restliche Butter und die Sahne einschlagen.
Die Ochsenfleischwürfel zum Erwärmen in die Suppe streuen. Mit frisch gehackten Kräutern anrichten.

Statt frischen Meerrettich können Sie auch ein Fertigprodukt aus dem Glas verwenden. Die Höhe der Meerrettichzugabe ist reine Geschmackssache. Außerdem ist nicht jede frisch gekaufte Meerrettichwurzel gleich scharf und aromatisch.
Zur fertigen Suppe passen zusätzlich geröstete Brotwürfel.

Kohlrabi-Kartoffelsuppe mit Trüffelgeschmack

2	mittelgroße Zwiebeln, geschält und fein gewürfelt
1	Knoblauchzehe, geschält und fein gehackt
100 g	Butter
2	junge Kohlrabi, geschält und klein geschnitten
1	Kartoffel, geschält und klein geschnitten
1 l	helle Brühe
1	Lorbeerblatt
250 ml	Sahne
	Salz und Pfeffer
	einige Tropfen weißes Trüffelöl

Die Zwiebeln und den Knoblauch in 30 g Butter hell andünsten. Die Kohlrabi- und Kartoffelstücke beigeben und kurz mitdünsten. Mit der Brühe aufgießen.
Das Lorbeerblatt hinzufügen und das Gemüse in etwa 10 bis 15 Minuten weich kochen. Das Lorbeerblatt entfernen und die Suppe mit dem Mixstab sämig pürieren.
Die Sahne eingießen und die restliche Butter einrühren. Nochmals kräftig mit dem Mixstab aufschäumen. Die Suppe salzen, pfeffern und gegebenenfalls noch verdünnen (hängt von der Kartoffelsorte ab).
Zuletzt je nach Belieben mit mehr oder weniger Trüffelöl parfümieren.

Eine tolle Suppe, die vor allem durch den Trüffelgeschmack die edle Raffinesse bekommt. Trüffelöl erhalten Sie in jedem Feinkostgeschäft. Es erscheint sehr teuer, aber durch die starke Konzentration ist es unwahrscheinlich ergiebig.

TRÜFFEL
KONDIMENT

Altbayerische Schwammerlsupp'n

90 g	Butter
1	mittelgroße Zwiebel, geschält und gewürfelt
2	Knoblauchzehen, geschält und gewürfelt
400 g	verschiedene Schwammerl (Steinpilze, Maronen, Pfifferlinge etc.), geputzt, in Scheiben geschnitten
	Salz und Pfeffer
750 ml	Rinder- oder Geflügelbrühe
300 ml	Sahne
20 g	Mehl
	Muskatnuss
	Balsamico-Essig nach Geschmack
1 Bund	Petersilie, grob gehackt

In einem größeren Topf 30 g Butter erhitzen. Die Zwiebel- und Knoblauchwürfel darin glasig dünsten. Die Pilze hinzufügen, würzen mit Salz und Pfeffer und weitere 5 bis 8 Minuten dünsten lassen.
Das Schwammerlgemisch mit Brühe sowie Sahne aufgießen, salzen, pfeffern und bei geringer Hitze etwa 30 Minuten köcheln lassen.
Aus der restlichen Butter und dem Mehl eine helle Schwitze zubereiten und diese unter ständigem Rühren in die Pilzsuppe geben. Mit etwas Muskatnuss und Balsamio-Essig abschmecken. Die Suppe sollte einen leicht säuerlichen Touch haben. Petersilie unter die fertige Suppe heben.

Nach Bedarf mit Crème fraîche oder Crème double weiter verfeinern.
Auch mit Basilikum ist die Suppe ausgezeichnet. Man verwendet zusätzlich $^1/_2$ Bund Basilikum bzw. davon die gezupften Blätter.
Als Einlage eignen sich kleine Semmelknödel oder -pflanzerl, Rezept auf Seite 28. Eigentlich ist dieses Gericht mehr als eine Suppe und eine Spezialität meiner Mutter.
Häufig erreicht man bereits durch die Schwammerl eine ausreichende Bindung der Suppe, so dass eine Mehlschwitze nur noch geringfügig oder auch gar nicht mehr nötig ist.

Knoblauchcreme mit Weißbierkrusteln

	Zutaten für die Weißbierkrusteln
20 g	Butter
1	Ei
2	Eidotter
	Salz und frisch gemahlener Pfeffer
50 g	gekochter Schinken, fein gewürfelt
80 g	Allgäuer Bergkäse, gerieben
2 Scheiben	Weißbrot, geröstet
125 ml	Weißbier

	Zutaten für die Knoblauchcremesuppe
2 bis 3	Schalotten, geschält und gewürfelt
2 bis 6	Knoblauchzehen, geschält und fein gewürfelt
ca. 250 g	Kartoffeln, geschält und fein gewürfelt
80 g	Butter
750 ml	Rinder- oder Geflügelbrühe
300 ml	Sahne
	Salz und frisch gemahlener Pfeffer
	Feinwürzmittel
1 Bund	Petersilie, gehackt

Den Backofen auf 220 °C vorheizen. Butter, Ei und Eidotter schaumig rühren, salzen und pfeffern. Schinken und Käse unterheben, evtl. einen Spritzer Weißbier einrühren.
Das geröstete Weißbrot mit Weißbier tränken und darauf die Käsemasse etwa 1/2 cm dick streichen. Im Backofen bei starker Oberhitze oder Grillstufe etwa 3 bis 5 Minuten backen. Herausnehmen, vierteln und warm stellen.
Schalotten und Knoblauch in 20 g Butter hell dünsten. Die Kartoffelwürfel beigeben und das Ganze mit Brühe aufgießen. Etwa 20 bis 25 Minuten leise köcheln lassen.
Mit dem Mixstab die Suppe pürieren. Die Sahne zugießen und mit Salz, Pfeffer und Feinwürzmittel würzen. Kurz vor dem Servieren die restliche Butter und die gehackte Petersilie unterrühren. Abschmecken und die Suppe in vorgewärmten Tellern anrichten und mit den Weißbierkrusteln belegen.

Bei allen Gerichten mit hohem Knoblauchanteil viel Petersilie verwenden. Das macht den Knoblauch verträglicher – für Ihren Magen und Ihre Mitmenschen.

Steinpilzsuppe mit Semmelknödelpiccata

100 g	Butter
1	Zwiebel, geschält und gehackt
1	Knoblauchzehe, geschält und gehackt
50 g	geräucherter Speck, fein gewürfelt
500 g	frische Steinpilze, gesäubert und klein geschnitten
	Salz und frisch gemahlener Pfeffer
	Feinwürzmittel
1 EL	Mehl
750 ml	Rinder- oder Geflügelbrühe
300 ml	Sahne
1/2 Bund	glatte Petersilie, gehackt
1 Schuss	Weißwein
2	gegarte, in je 4 Scheiben geschnittene Semmelknödel
2	Eier
50 g	Emmentaler, gerieben

30 g Butter erhitzen und darin Zwiebeln, Knoblauch und Speck glasig dünsten. Die Steinpilze hinzufügen und anbraten. Salzen, pfeffern und nach Bedarf mit Feinwürzmittel würzen. Alles mit Mehl bestäuben und kurz weiter rösten. Mit Brühe und Sahne aufgießen und etwa 5 Minuten köcheln lassen.
Die Pilze herausnehmen und der Suppe etwas Butter zugeben. Mit dem Pürierstab kräftig aufschlagen. Die Pilze zusammen mit gehackter Petersilie und einem Schuss Weißwein wieder beigeben. Bei Bedarf nachwürzen.
Die Knödelscheiben in Mehl wenden und überschüssiges abklopfen. Die Eier mit dem geriebenem Käse verquirlen und die mehlierten Knödelscheiben durchziehen.
In schäumender Butter von beiden Seiten goldgelb backen. Die Suppe mit dem Knödelpiccata in einem tiefen Teller servieren.

Die Suppe sollte nicht zu dickflüssig zubereitet werden, da das Gericht sonst zu schwer und zu deftig wird.

Schaumsupperl aus geräucherten Forellen

2	geräucherte Forellen, Filets ausgelöst und in Stücke geschnitten, Häute und Köpfe aufheben
500 ml	Fischfond
60 g	Butter
2	Schalotten, geschält und fein gewürfelt
30 g	Mehl
150 ml	flüssige Sahne
125 ml	trockener Weißwein
	Salz und frisch gemahlener Pfeffer
	Saft von 1/2 Zitrone
1 Msp	Safran
1 Schuss	Anisschnaps oder Weinbrand
150 ml	geschlagene Sahne
1/2 Bund	Dill, gewaschen und gehackt

Häute und Forellenköpfe in den Fischfond legen und etwa 20 Minuten langsam auskochen. Die Brühe durch ein Sieb passieren.
Die Butter in einem Topf erhitzen und darin die Schalottenwürfel andünsten. Mit Mehl bestäuben und unter ständigem Rühren mit Fischbrühe, flüssiger Sahne und Weißwein aufgießen. Mit Salz, Pfeffer, Zitronensaft und Safran würzen. Je nach Geschmack mit Anisschnaps oder Weinbrand parfümieren.
Die Suppe durch ein Sieb passieren, aufschlagen und erhitzen. Die geschlagene Sahne und die Dillspitzen unterziehen, abschmecken.
Die Forellenstückchen in vorgewärmte, tiefe Teller legen und mit heißer, schaumiger Suppe übergießen.

Es können ebenso andere geräucherte Fische verwendet werden.
Die Mehlschwitze kann durch die Erhöhung der Sahnemenge oder zusätzlicher Crème fraîche ersetzt werden.

Spargelrahmsuppe mit gebräunten Mandeln

1 Prise	Zucker
180 g	Butter
600 g	frischer Spargel, geschält und die Enden abgeschnitten
	Salz
40 g	Mehl
300 ml	Sahne
	Feinwürzmittel
20 g	Butter
30 g	Mandelblättchen, ohne Fett geröstet

Ca. 1 l Salzwasser zum Kochen bringen. Eine Prise Zucker, 20 g Butter und den Spargel hinzufügen. Einmal aufkochen und bei reduzierter Hitze etwa 10 Minuten ziehen lassen.
In der Zwischenzeit die Schalen und die Spargelenden mit kaltem Wasser aufsetzen, einmal aufkochen und ebenfalls 10 Minuten ziehen lassen.
Den gegarten Spargel über einem Sieb abtropfen lassen. Den Sud von den Abschnitten abseihen. Beide Spargelsude zusammengießen, zum Kochen aufstellen und auf etwa 750 ml reduzieren lassen.
Anschließend etwas abkühlen lassen. Aus 60 g Butter und dem Mehl eine helle Schwitze herstellen und diese mit dem Spargelsud aufgießen.
Unter ständigem Rühren etwa 5 bis 10 Minuten köcheln lassen. Anschließend die Sahne einrühren und das Ganze durch ein Sieb passieren.
Die restliche Butter mit einem Mixstab unterrühren, dabei die Suppe würzen. Den Spargel in kleine Stücke schneiden und in der Suppe erhitzen.
Die Suppe in einer vorgewärmten Terrine anrichten und mit den gerösteten Mandelblättchen bestreuen.

Die Verwendung von Feinwürzmittel steht Ihnen anheim, aber glauben Sie mir, zur richtigen Zeit eine Prise vollbringt oft geschmackliche Wunder.
Den besten Spargelfond erhalten Sie von Spargelschalen. Übrigens, sollten Sie einmal einen etwas bitteren Spargel bekommen, so kochen Sie einfach eine Semmel mit. Diese nimmt einiges von den Bitterstoffen auf. Seien Sie großzügig beim Abschneiden der Enden, der Genuss ist um so größer.

Kartoffelsuppe

1	kleine Zwiebel
1	Knoblauchzehe
1	Karotte
100 g	Sellerie
500 g	Kartoffeln
1/2 Stange	Lauch
50 g	Speck, fein gewürfelt
1 Stück	Speckschwarte
50 g	Butter
1,5 l	Fleischbrühe
	Salz, Pfeffer, Majoran
	wenig frisch geschnittenes Liebstöckel
	reichlich Schnittlauch
100 ml	Sahne

Die Zwiebel schälen und grob zerkleinern. Knoblauch schälen und fein hacken. Karotte, Sellerie, Kartoffeln putzen, schälen und zerkleinern.
Den Lauch waschen, putzen und ebenfalls zerkleinern.
Die Zwiebel, den Knoblauch und den fein gewürfelten Speck in Butter gut andünsten, das Gemüse hinzu geben und auch gut andünsten.
Nun die Kartoffeln und die Speckschwarte beigeben und das Ganze mit der Brühe auffüllen. Leicht salzen und pfeffern. In 20–30 Minuten alles weich kochen.
Entfernen Sie die Speckschwarte und geben Sie dann Majoran bei. Danach die Suppe mit einem Kartoffelstampfer oder einem Pürierstab zerkleinern bis sie leicht sämig ist. Die Kartoffelsuppe sollte keinesfalls zu fein werden, sondern auch Stückerl von Gemüse und Kartoffeln enthalten.
Zum Schluss die Sahne dazu gießen und die Suppe abschmecken.
Je nach Kartoffelsorte ist die Suppe ggf. zu verdünnen. Vor dem Servieren mit den Kräutern vervollkommnen.

Die Kartoffelsuppe serviere ich am liebsten mit frischen Pilzen. Nun, Champignons, Austernpilze oder Egerlinge erhält man das ganze Jahr. Gibt's aber frische Waldpilze wie Steinpilze, Maroni, Pfifferlinge (Reherl), so wird diese Kartoffelsuppe zu einem echten Festschmaus, bei dem Sie vielleicht mehr als nur einen Teller pro Person einkalkulieren sollten.

Bitte zu Fisch

Zander im Speckpfannkuchen eingebacken

Eglifilets in Petersilienbröseln gebraten

Seezunge in der Kartoffelkruste gebacken

Lachs-Cordon-bleu

Räucherfischkipferl

Fisch-Gugelhupf

Hechtwickerl in Salbeisauce

Fisch-Trio im Strudelteig gebacken

Lasagne mit Lachs und Kohlrabi

Renkenfilets auf Dillrahmkartoffeln

Waller aus saurem Wurzelsud

Lachsforellenfilets im Buttermilchsupperl

Piccata vom Bachsaibling

Wallerfilet auf Rahmsauerkraut

Zander im Speckpfannkuchen eingebacken

	Zutaten für den Pfannkuchenteig
250 ml	Milch
100 g	Mehl
3	Eidotter
30 g	Butter, flüssig
	Salz und Pfeffer
3	Eiweiß
	Zutaten für den Fisch
500 g	Zanderfilet
100 g	Champignons, geputzt und in Scheiben geschnitten
150 g	Speckscheiben, dünn geschnitten
30 g	Butter
1	Fleischtomate, gehäutet und geviertelt
	frisch gehackte Kräuter

Aus Milch, Mehl, Eidottern und Butter einen glatten Teig rühren. Salzen und pfeffern. Das Eiweiß zu schnittfestem Schnee schlagen und unter den Teig heben.
Die Zanderfilets in 40-g-Stücke teilen, salzen und pfeffern. Die Champignons putzen und in Scheiben schneiden.
In einer großen Pfanne die Speckscheiben knusprig braten, Champignons und Fischstücke hinzufügen und kurz anbraten. Herausnehmen und beiseite stellen.
In den Bratensatz die Butter gleiten lassen und den Pfannkuchenteig einfüllen. Kurz anbacken, dabei nicht wenden und die Pfanne beiseite ziehen.
Speck, Zanderstücke und Champignons auf der Teigoberfläche verteilen. Die Pfanne in den auf 200 °C vorgeheizten Ofen schieben und etwa 5 bis 10 Minuten fertig garen. Die Tomatenviertel leicht erhitzen und zusammen mit den Kräutern über den fertigen Pfannkuchen streuen.

Dazu passen saure Sahne und grüner Salat. Bringen Sie das Gericht am besten in der Pfanne auf den Tisch.
Machen Sie sich die Mühe und untersuchen Sie die Fischfilets peinlichst genau auf Steckgräten. Nichts ist unangenehmer als Gräten im Mund, denn sie nehmen einem die Lust am Fisch!
Das Foto zu diesem Gericht finden Sie auf Seite 44.

Eglifilets in Petersilienbröseln gebraten

600 g	Eglifilets, gesäubert
	Zitronensaft
	Salz und Pfeffer
100 g	Weißbrot ohne Rinde, gerieben
1 Bund	Petersilie, frisch gehackt
100 g	Butter
	Mayonnaise
	Sherry

Die Eglifilets mit Zitronensaft säuern, salzen sowie leicht pfeffern.
Die Weißbrotbrösel mit der gehackten Petersilie vermengen. Die Eglifilets darin mehrmals wenden und sofort in schäumender Butter von jeder Seite ca. 1 Minute braten.
Servieren Sie dazu eine leichte Mayonnaise, die Sie mit etwas Sherry verfeinern können. Als Beilage passen Salzkartoffeln oder ein fein angemachter Kartoffelsalat (Rezept auf Seite 128) am besten.

Diese Zubereitungsart eignet sich besonders für kleinere Fischfilets wie Saibling, Forelle etc., weil die Brösel den Fisch beim Garen vor zu starkem Austrocknen schützen. Hinzu kommt der unvergleichlich gute Geschmack der Petersilie.

Seezunge in der Kartoffelkruste gebacken

1 kg	Kartoffeln, geschält
4	frische Seezungen à 350 g, bratfertig zubereitet
	Salz und Pfeffer
	Limetten- oder Zitronensaft
100 g	Mehl
2 bis 3	Eier, verquirlt
	Öl zum Braten
50 g	Butter

Die Kartoffeln auf einer Röstiraffel fein reiben. In ein Tuch legen und den Saft gründlich ausdrücken.
Die Seezungen salzen, pfeffern und mit Zitronensaft beträufeln. In Mehl wenden und durch die verquirlten Eier ziehen. In die ausgepressten Kartoffeln tauchen und diese mit der Hand fest andrücken.
In einer größeren Pfanne das Öl stark erhitzen und die Seezungen einlegen. Von beiden Seiten knusprig braten.
Dazu eine kalte Sauce aus Joghurt, Sauerrahm und frischen Kräutern reichen.
Vor dem Servieren noch einmal leicht salzen und mit leicht gebräunter Butter beträufeln.

Es ist sehr wichtig, dass die Kartoffeln sehr gut ausgedrückt werden. Wenn zu viel Saft zurückbleibt, wird die Kartoffelkruste eher zäh als knusprig.
Natürlich können Sie auch andere Fische so zubereiten, jedoch sollten Sie dann Filets verwenden.

Lachs-Cordon-bleu

4	mittlere Stücke Lachsfilet à 150 g
	Salz und weißer Pfeffer
	Saft von 1 Zitrone
4	Garnelenschwänze, geschält
20 g	Butterschmalz
60 g	weiche Kräuterbutter
8	große Spinatblätter, blanchiert
30 g	Butter

In die Lachsstücke jeweils von der Seite eine tiefe Tasche von ca. 4 x 3 cm einschneiden. Die Lachstaschen innen und außen leicht salzen, pfeffern und mit der Hälfte vom Zitronensaft beträufeln.

Die Garnelenschwänze den Rücken entlang einschneiden und die Därme entfernen. Anschließend in kleine Würfel schneiden und in heißem Butterschmalz scharf und ganz kurz anbraten; leicht abkühlen lassen. Die Würfelchen salzen, pfeffern, mit dem restlichen Zitronensaft würzen und mit der zimmerwarmen, jedoch keinesfalls flüssigen Kräuterbutter verrühren.

Je zwei Spinatblätter versetzt aufeinanderlegen und die Garnelenmischung darauf verteilen. Vier Spinatpäckchen wickeln und diese abgedeckt für etwa 1/2 Stunde in den Kühlschrank stellen.

Die Spinatpäckchen in die Lachstaschen stecken. Gleichzeitig in einer größeren Pfanne die Butter aufschäumen. Die gefüllten Lachsstücke einlegen und langsam von beiden Seiten „glasig“ braten.

Als Beilage empfehle ich Bavaria-blue-Spinat, Rezept auf Seite 155 und Kräuterkartoffeln. Natürlich passen auch andere Gemüse, z. B. Kohlrabigmias, Rezept auf Seite 130, und Reis ganz hervorragend dazu.

Räucherfischkipferl

60 g	geräuchertes Forellenfilet, in kleinen Würfeln
80 g	Räucheraalfilet, in kleinen Würfeln
60 g	geräuchertes Lachsfilet, in kleinen Würfeln
80 g	Sauerkraut, gekocht
2	Eidotter
80 g	saure Sahne
	Meerrettich, frisch gerieben nach Geschmack
	Pfeffer
300 g	Blätterteig, 3 mm dünn ausgerollt und in Dreiecke von 10 cm Seitenlänge geschnitten

Die Fischwürfel mit dem Sauerkraut, einem Eidotter und der sauren Sahne vermengen. Mit Meerrettich und Pfeffer pikant würzen.
Die Dreiecke mit je zwei Teelöffeln der Fischmasse füllen und von der langen Seite zur gegenüberliegenden Spitze hin zusammenrollen.
Auf ein gefettetes Backblech setzen und mit verquirltem Eigelb bestreichen. Bei 210 °C im vorgeheizten Backofen 10 bis 15 Minuten backen. Lauwarm servieren.

Mit Apfelmeerrettich und frischen Salaten ein feines kleines Gericht. Aber auch eine würzige Begleitung zum Bier, zum Wein und überhaupt und sowieso!

Fisch-Gugelhupf

250 g	Zanderfilet, ohne Gräten
	Salz und Pfeffer
	Zitronensaft
	Noilly Prat (Wermut)
1	Eiweiß
100 g	Sahne
	Butter für die Gugelhupf-Form
5	große Wirsingblätter, blanchiert
100 g	Garnelen
2 EL	Kräuterpüree (Spinat, Kerbel, Petersilie, Basilikum etc.)
100 g	Gemüsewürfel (Karotte, Lauch, Zucchini), blanchiert
600 g	Fischfilets (Seezunge, Lachs, Zander, Lotte), ohne Gräten

Das Zanderfilet in 1 x 1 cm große Stücke schneiden. Salzen, pfeffern, mit Zitronensaft und Noilly Prat verfeinern. Mit dem Eiweiß vermengen und für etwa 20 Minuten kalt stellen, am besten im Gefrierfach.
Das Zanderfilet mit etwa 1/3 der Sahne im Küchenmixer fein pürieren. Die restliche Sahne unterrühren und die Fischfarce nochmals abschmecken.
Die Gugelhupfform üppig mit Butter ausstreichen. Die Wirsingblätter so einlegen, dass die Kanten verschlossen sind und noch etwas zum Verschließen überhängt; leicht mit Fischfarce bestreichen.
Etwa 3/4 der Farcemenge mit den Gemüsewürfeln vermischen. Das andere Viertel mit dem Kräuterpüree verrühren und beiseite stellen. Die diversen Fischfilets salzen, pfeffern und mit Zitronensaft und Noilly Prat verfeinern.
Die Gugelhupfform abwechselnd mit den einzelnen Zutaten füllen: Die gewürzten Fischfilets einlegen, ein wenig Fischfarce, einen Teil Garnelen. Etwa in der Formmitte die grüne Kräuterfarce hineingeben, dann fortfahren mit der Gemüsefarce, den Fischfilets, bis alles aufgebraucht ist. Mit den überhängenden Wirsingblättern verschließen und mit Alufolie abdecken.
Im Wasserbad bei etwa 140 °C Ofentemperatur 35 bis 40 Minuten garen.
Den gegarten Fisch-Gugelhupf aus dem Ofen nehmen, etwa 10 Minuten ruhen lassen und erst dann auf eine Platte stürzen. Am Tisch anschneiden.

Der Erfolg Ihres speziellen Fisch-Gugelhupfs hängt selbstverständlich von Qualität und Frische der verwendeten Fische ab. Konsumfische wie z. B. Kabeljau, Seelachs etc. sollten Sie nicht verwenden, da diese keine gute Bindung abgeben und als Einlage nicht schnittfest genug sind.
Auf dem Foto sehen Sie eine Scheibe vom Fischgugelhupf mit kalter Kräutersauce und gebratener Garnele.

Hechtwickerl in Salbeisauce

600 g	Hechtfilet, gehäutet und entgrätet
8	dünne Speckscheiben
16	Salbeiblätter
1	Schalotte, geschält und fein gewürfelt
250 ml	Fischfond
250 ml	Weißwein
100 g	Butter
125 ml	Sahne
	Salz und Pfeffer
	Zitronensaft

Den Ofen auf 200 °C vorheizen.
Die Hechtfilets in 8 Stücke teilen. Die dünnen Speckscheiben in einer Pfanne kurz anbraten. Auf jede Speckscheibe zwei Salbeiblätter und ein Stück Hechtfilet legen und zusammenrollen. Feststecken oder mit einem Zwirn zusammenbinden.
Die Schalottenwürfel in etwas Butter andünsten. Fischfond und Weißwein angießen und aufkochen. Die Hechtwickerl in die Brühe setzen und im Ofen ca. 5 Minuten garen. Herausnehmen und zugedeckt warm stellen.
Die Flüssigkeit auf 250 ml reduzieren, restliche Butter und Sahne beigeben und mit dem Mixstab zu einer sämigen Sauce aufschlagen. Salzen, pfeffern und mit Zitronensaft und gegebenenfalls noch mit mehr Salbei abschmecken.
Die Sauce über die Hechtwickerl gießen. Mit Kartoffeln und Gemüse servieren.

Hecht hat leider sehr viele Gräten und wird deshalb bevorzugt zu Nockerl, Knödel oder zur Terrine verarbeitet. Er schmeckt jedoch auch so ganz vorzüglich, vorausgesetzt, er wiegt nicht mehr als 2 kg und kommt aus sauberen Gewässern.

Fisch-Trio im Strudelteig gebacken

	Zutaten für den Strudelteig
300 g	Mehl
2 EL	Öl
150 ml	lauwarmes Wasser
	Salz
	Zutaten für das Fisch-Trio
4	kleine Zanderfilets à 70 g
4	Scheiben Lachsfilet à 50 g
4	Seezungenfilets à 50 g
	Saft von 1 Zitrone
	Salz und Pfeffer
80 g	flüssige Butter
50 g	Spinatblätter, blanchiert
60 g	Kräuterbutter
100 ml	Öl zum Braten

Aus Mehl, Öl, Wasser und Salz einen glatten Strudelteig herstellen. Mit Öl bepinseln und für etwa 40 Minuten an einem warmen Ort ruhen lassen.
Die Fischfilets säubern, mit Zitronensaft säuern, salzen sowie leicht pfeffern.
Den Teig auf einer bemehlten Arbeitsfläche möglichst dünn auswellen bzw. ausziehen und in 4 Teile von etwa 20 x 30 cm schneiden. Mit flüssiger Butter bepinseln.
Auf jeder Teigportion zuerst das Zanderfilet mit der Hautseite nach unten in der Mitte plazieren. Die Lachsfilets in Spinatblätter einwickeln und obenauf setzen, danach die Seezungenfilets. Zwischen jede Schicht etwas Kräuterbutter geben. Die Teigpäckchen verschließen und dabei die Enden mit etwas Wasser befeuchten.
In heißem Öl etwa 8 bis 10 Minuten knusprig braten. Vor dem Servieren noch zehn Minuten ruhen lassen.

Das Fisch-Trio muss im Teig sehr gut eingepackt und verschlossen sein, da sonst die Kräuterbutter auslaufen würde, die dem Ganzen Saftigkeit und viel Geschmack gibt. Am besten auf sahnigem Kohlrabigmias, Rezept auf Seite 130, oder Bavaria-blue-Spinat, Rezept auf Seite 155, servieren!

Lasagne mit Lachs und Kohlrabi

1	Schalotte, geschält und fein gewürfelt
60 g	Butter
20 g	Mehl
300 ml	Fischfond
250 ml	Sahne
50 ml	Weißwein
1 TL	Krebsbutter
	Noilly Prat (Wermut)
	Weinbrand
	Salz, Pfeffer und Cayennepfeffer
2	mittlere Kohlrabi, geschält und in 3 mm dünne Scheiben geschnitten
700 g	Lachsfilet, in 3 mm dünne Scheiben geschnitten
	Butter für die Förmchen
2 EL	Schlagsahne

Die Schalotte in 30 g Butter hell andünsten. Mit Mehl bestäuben, kurz mitdünsten und mit dem Fischfond aufgießen. Sahne und Weißwein hinzufügen und zu einer sämigen Sauce kochen. Zuletzt die restliche Butter und die Krebsbutter mit dem Mixstab einrühren.
Die Sauce mit Noilly Prat, Weinbrand, Salz, Pfeffer und Cayennepfeffer pikant würzen.
Die Kohlrabi in kochendem Salzwasser bissfest garen. Mit kaltem Wasser abschrecken und auf einem Tuch abtropfen lassen.
Die Lachsscheiben von beiden Seiten leicht salzen und pfeffern.
Das Ganze portionsweise in Suppentellern, Kaffeetassen oder in einer großen feuerfesten Form einschichten. Davor Gefäße ausbuttern und den Boden mit etwas Sauce bedecken. Nacheinander Lachs, Kohlrabi und die Sauce einfüllen, bis alles aufgebraucht ist.
Mit Klarsichtfolie abdecken und in der Mikrowelle etwa 4 bis 5 Minuten bei etwa $^{2}/_{3}$ Leistung garen; anschließend einige Minuten ruhen lassen.
Die restliche Sauce nochmals erwärmen, eventuell etwas verdünnen und mit dem Mixstab schlagen. Die Sahne unterheben.
Die Lasagne aus den Tassen stürzen und mit der Sauce überziehen.

Sollten Sie kein Mikrowellengerät zur Verfügung haben, dann können Sie die Lasagne im Backofen im Wasserbad in etwa 25 Minuten garen.
Auf dem Foto haben wir die Lachs-Kohlrabi-Lasagne auf breiten Nudeln angerichtet. Im Hintergrund ein Fischernetz, das aus einer Karotte geschnitten wurde.

Renkenfilets auf Dillrahmkartoffeln

700 g	Kartoffeln, geschält
1	Schalotte, geschält und fein gehackt
80 g	Butter
500 ml	Sahne
	Salz und Pfeffer
	Feinwürzmittel
1 Bund	Dill, gehackt
2 EL	geschlagene Sahne
600 g	Renkenfilets
	etwas Mehl zum Wenden
$^1/_2$	Zitrone

Die Kartoffeln in Würfel von 1 x 1 cm Größe schneiden. Die Schalotte in etwa 30 g Butter anschwitzen. Die Kartoffelwürfel hinzufügen, mit Sahne aufgießen und etwa 10 Minuten weich garen.
Etwa $^3/_4$ der gegarten Kartoffelwürfel mit einer Schaumkelle herausnehmen und beiseite stellen. Den Rest Kartoffel-Sahne mit einem Mixstab pürieren und mit Salz, Pfeffer und Feinwürzmittel würzen.
Die Kartoffeln ebenfalls leicht würzen und in die Sauce geben. Zuletzt den gehackten Dill und die Schlagsahne unterheben. Abschmecken, falls nötig etwas verdünnen.
Die Filets leicht salzen, pfeffern, mit Zitronensaft beträufeln, in Mehl wenden und in der restlichen Butter von beiden Seiten kurz braten. Herausnehmen und auf den Dillkartoffeln anrichten.

Bitte achten Sie auf eine sehr kurze Garzeit der Fische, besonders die Renkenfilets ziehen stark nach und können schnell trocken werden, das wäre doch schade!
Die sahnigen Dillrahmkartoffeln passen besonders gut zu den feinen, milden Renkenfilets.
Übrigens: Ob Renken oder Felchen, es besteht kein Unterschied, z. B. heißen sie vom Chiemsee, Ammersee, Walchensee – Renken, vom Bodensee – Felchen.

Waller aus saurem Wurzelsud

	Zutaten für den Sud
1	Zwiebel, geschält und in Streifen geschnitten
250 ml	Wasser
250 ml	Weißwein
	Salz
1 TL	Zucker
125 ml	Essig
1	Lorbeerblatt
2	Nelken
	Zutaten für den Fisch
600 g	Wallerfilet, gewaschen und trocken getupft
2	Karotten, in Streifen geschnitten
1/4	Sellerieknolle, geschält und in Streifen geschnitten
1	Petersilienwurzel, geschält und in Streifen geschnitten
1/2 Stange	Lauch, gewaschen und in Streifen geschnitten
	reichlich frisch gehackte Kräuter
50 g	Butter
	frisch geriebenen Meerrettich

Die Zwiebel zusammen mit dem Wasser, dem Weißwein, Salz, Zucker, Essig, einem Lorbeerblatt und Nelken in einem entsprechenden Topf etwa 10 Minuten leise köcheln lassen und anschließend durch ein Sieb passieren. Erneut zum Erhitzen aufstellen.
Das Wallerfilet waschen und in breite Stücke von etwa 60 g schneiden. Zusammen mit den Gemüsestreifen in den Sud einlegen und etwa 6 bis 8 Minuten gar ziehen lassen.
Das Gemüse und die Fischstücke in tiefen Tellern anrichten, mit etwas heißem Sud übergießen und mit frischen Kräutern garnieren. Mit frisch geriebenem Meerrettich bestreuen und mit brauner Butter übergießen. Dazu Salzkartoffeln servieren.

Sie können den Waller natürlich auch einfach in Stücke schneiden. Eleganter und angenehmer zu essen sind aber natürlich Filets.

Lachsforellenfilets im Buttermilchsupperl

1	Schalotte, geschält und fein gewürfelt
30 g	Butter
400 ml	Fischfond
4	Lachsforellenfilets à 100 g, ohne Gräten
150 ml	Sahne
200 ml	Buttermilch
	Salz und Pfeffer
	etwas Zitronensaft und abgeriebene Schale
200 g	Gemüsestreifen (Zucchini, Karotten, Sellerie), blanchiert
2 EL	frisch gehackte Kräuter

Die Schalottenwürfel in schäumender Butter andünsten. Mit Fischfond aufgießen und aufkochen lassen.

Die Lachsforellenfilets in den Sud legen und 3 bis 4 Minuten pochieren. Vorsichtig herausnehmen und abgedeckt warm stellen. Den Fischsud auf ca. 100 ml einkochen. Sahne und Buttermilch beigeben. Kurz aufkochen und im Küchenmixer kräftig aufschlagen. Mit Salz, Pfeffer, Zitronensaft und ein wenig abgeriebener Zitrone abschmecken.

Zum Anrichten die Lachsforellenfilets häuten und in tiefe Teller geben. Gemüsestreifen erwärmen, über die Lachsforellenfilets verteilen. Buttermilchsupperl nochmals kräftig aufschäumen und über die angerichteten Filets und Gemüsestreifen gießen. Mit den Kräutern bestreuen.

Es soll natürlich nicht zu viel Suppe gereicht werden, sondern nur in der Menge wie eine Sauce! Das Gericht ist wirklich so leicht und fein, wie es aussieht.

Piccata aus Bachsaibling

4	frische Bachsaiblinge à 350 g, filetiert, gehäutet und ohne Gräten
	Salz und Pfeffer
	Saft von 1/2 Zitrone
50 g	Mehl
2	Eier
40 g	Parmesankäse, frisch gerieben
100 g	Butter
2	Tomaten, gehäutet und gewürfelt
1 EL	Kräuter (Zitronenmelisse, Petersilie, Schnittlauch), frisch gehackt

Die Saiblingsfilets salzen, pfeffern, mit Zitronensaft beträufeln und in Mehl wenden. Die Eier mit geriebenem Käse verquirlen und die Fischfilets durchziehen. In schäumender Butter von beiden Seiten knusprig braten und auf einer vorgewärmten Platte anrichten.
Die Tomatenwürfel zusammen mit den Kräutern im verbliebenen Bratensatz mit der restlichen Butter schwenken. Salzen, pfeffern und über die knusprige Saiblingspiccata geben.
Die Ei-Käsehülle gibt dem Fisch nicht nur Würze und Volumen, sondern schützt den Fisch auch vor dem Trockenwerden.

Dazu passen eine kalte Joghurtsauce, warmes Weißbrot und frische Salate. Kartoffeln müssen nicht unbedingt sein.

Wallerfilet auf Rahmsauerkraut

500 g	Wallerfilet, gesäubert und in 4 Portionen geschnitten
	Salz und Pfeffer
	Zitronensaft
	Mehl zum Wenden
50 g	Butterschmalz
50 g	Räucherspeck, gewürfelt
1	Zwiebel, gehackt
80 g	Butter
1 EL	Mehl
125 ml	Sahne
125 ml	Fischfond
125 ml	Weißwein
400 g	Sauerkraut, fertig gekocht
125 ml	Sauerrahm
	Meerrettich zum Abschmecken

Wallerfilets salzen, leicht pfeffern, mit Zitronensaft beträufeln und in Mehl wenden. In heißem Butterschmalz langsam braten: dann zugedeckt warm stellen.
Die Speck- und die Zwiebelwürfel in der Hälfte der Butter glasig dünsten. Unter ständigem Rühren Mehl einsieben und das Ganze hell halten. Mit Sahne, Fischfond sowie Weißwein aufgießen und aufkochen lassen.
Die Sauce auf etwa 400 ml reduzieren, restliche Butter einmixen und pikant würzen.
Das gekochte Sauerkraut unter die Sauce heben und noch mit etwas Meerrettich abschmecken.
Das Rahmsauerkraut auf vorgewärmten Tellern anrichten und die Wallerfilets daraufsetzen. Mit je einem Löffel Sauerrahm garnieren.

Dazu passen am besten Kartoffeln. Ein Gericht für Fischliebhaber, die es auch gerne etwas deftiger mögen.

Fleisch und Innereien

Kalbsbrust mit Brez'nfüllung

	Zutaten für die Füllung
2	Semmeln vom Vortag, gewürfelt
3	ungesalzene Laugenbrezen, gewürfelt
125 ml	heiße Milch
1	kleine Zwiebel, fein gewürfelt
20 g	Butter
50 g	Champignons, geputzt und halbiert
1	Karotte, geschält, fein gewürfelt und blanchiert
100 g	Kalbsbrät
	Salz und Pfeffer
2	Eier

	Zutaten für die Kalbsbrust
1	Kalbsbrust mit eingeschnittener Tasche
	Salz und Pfeffer
500 g	Kalbsknochen, klein gehackt
1	Zwiebel, geschält und geviertelt
2	Karotten, geschält und grob zerkleinert
100 g	Sellerie, geschält und grob zerkleinert
1	Lorbeerblatt
1	Nelke
500 ml	Brühe
300 ml	Bratensauce
60 g	Butter zum Bestreichen

Die Semmel- und Brezenwürfel mit heißer Milch übergießen und zugedeckt ziehen lassen. Den Ofen auf 200 °C vorheizen.

Die Zwiebelwürfel in 20 g Butter glasig andünsten. Das Kalbsbrät mit den Eiern, der eingeweichten Semmel-Brezen-Masse sowie den Champignons und Karottenwürfeln gründlich vermengen. Mit Salz und Pfeffer abschmecken.

Die Kalbsbrust innen und außen salzen sowie pfeffern. Mit der vorbereiteten Masse füllen, zubinden oder mit einem Spieß zustecken.

Die Kalbsknochen in einen größeren Bräter legen. Zwiebelviertel, Karotten und Selleriestücke sowie Lorbeerblatt und Nelke hinzufügen. Die gefüllte Kalbsbrust daraufsetzen und den Bräter in den Ofen schieben, nach etwa 20 Minuten die Hitze auf 160 °C reduzieren. Das Fleisch während der etwa 2- bis 2,5-stündigen Bratzeit regelmäßig alle 20 Minuten mit Brühe übergießen, denn dadurch erhalten Sie eine hochwertige Sauce und gleichzeitig wird die Kalbsbrust nicht trocken.

Die fertige Kalbsbrust aus dem Bräter nehmen, üppig mit Butter einpinseln und zugedeckt an einem warmen Ort mindestens 1/2 Stunde ruhen lassen.

Den Bräterinhalt unter Zusatz von etwas Brühe und Bratensauce im Ofen etwa eine $^{1}/_{2}$ Stunde weiter kochen lassen; anschließend durch ein Sieb passieren und die Sauce abschmecken.
Die Kalbsbrust nochmal bei 200 °C im Ofen etwa 10 Minuten erwärmen und anschließend mit einem scharfen Sägemesser aufschneiden, auf einer Platte anrichten. Die Sauce reichen Sie separat.

Als Beilage reichlich Salat, bei dem auch Kartoffelsalat, Rezept S. 128, keinesfalls fehlen sollte, servieren. Fischen Sie die mitgebratenen Gemüse (Zwiebel, Karotten, Sellerie) rechtzeitig aus der Bratreine und servieren sie später beim Anrichten als Garnitur und Beilage (wie auf unserem Foto).

Das Foto zu diesem Rezept finden Sie auf Seite 64.

„Saupolsterl"

1	Schweinenetz (beim Metzger vorbestellen)
400 g	Schweineschulter, grob gewürfelt
100 g	grüner Speck, grob gewürfelt
100 g	Sahne
80 g	Zwiebeln, gewürfelt und gedünstet
2	Eier
	Salz und Pfeffer
	Majoran
1 bis 2	Knoblauchzehen, fein gewürfelt
50 g	Schweinefett

Das Schweinenetz für etwa 1 Stunde in kaltes Wasser legen.
Schweinefleisch- und Speckwürfel zweimal durch den Fleischwolf drehen. Mit einem Holzlöffel die Sahne, die Zwiebelwürfel und die Eier unter den Fleischteig rühren. Salzen, pfeffern und mit Majoran sowie Knoblauch kräftig würzen.
Das gut gewässerte Schweinenetz auf einem Tuch ausbreiten und in 20 cm große runde Stücke schneiden. In jedes Portionsstück etwa 70 g Fleischteig fest einwickeln.
Die Saupolsterl in heißem Fett langsam braten.

Als Beilage empfiehlt sich Kartoffelsalat und würziges Bauernbrot – oder ein schönes Rahmgemüse und Kartoffelbrei.
Auf unserem Foto sieht man die Saupolsterl zusammen mit „Grünwalder Ritterzipfe", Rezept auf Seite 123, in einer Pfanne gebraten. Das frische Bier dazu kann man leider nicht sehen. Durch das Schweinenetz bleiben Saft und Geschmack im Fleisch sehr gut erhalten.

Gesottenes Kalbsfilet in Safran-Champagner

500 ml	heller Kalbsfond oder Brühe
500 g	Kalbsfilet, küchenfertig
100 ml	Champagner
200 g	kalte Butter
1 g	Safran
	Salz und Pfeffer
300 g	Gemüsestreifen (Karotte, Lauch, Sellerie), blanchiert
	Kräuter (Dill, Kerbel, Petersilie), gehackt

Den Kalbsfond erhitzen und das Kalbsfilet in die siedende Flüssigkeit legen. Der Sud sollte allerdings nicht kochen! Nach etwa 12 Minuten das rosa gegarte Kalbsfilet aus der Kochflüssigkeit nehmen; zugedeckt warm stellen.
Den Sud schnell auf 100 ml einkochen. Danach den Champagner zugießen und nicht mehr kochen. 180 g Butter in kleine Stückchen schneiden und zusammen mit dem Safranpulver unter die Sauce rühren; salzen und pfeffern.
Die Gemüsestreifen in der restlichen Butter schwenken. Das Kalbsfilet in fingerdicke Scheiben schneiden und mit der Sauce sowie dem Gemüse hübsch anrichten. Mit gehackten Kräutern garnieren.

Zu diesem Gericht empfehle ich Grießnockerl oder Reis. „Küchenfertig" heißt beim Fleisch grundsätzlich, dass Häute, Sehnen oder nicht benötigte Knochen bereits entfernt worden sind.
Den Safran sehr vorsichtig dosieren, denn weniger davon ist meist mehr.
Ein sehr leichtes, junges Gericht, das noch viel Platz für andere Leckereien lässt.

Gesottener Tafelspitz mit Kartoffelsauce

500 g	Kartoffeln, geschält und gewürfelt
1 kg	Tafelspitz, abgespült
1	mittlere Zwiebel, geschält
1	Lorbeerblatt
1	Nelke
100 g	Sellerie, geschält
1/2 Stange	Lauch, gewaschen
2	Karotten, geschabt
125 ml	Sahne
50 g	Butter
	Meerrettich, frisch gerieben
	Salz und Pfeffer
	Majoran

Die Kartoffelwürfel bis zur Verwendung in kaltes Wasser legen. Den Tafelspitz in einen passenden Topf legen und mit etwa 2,5 l kochend heißem Wasser aufgießen. Die Zwiebel mit dem Lorbeer sowie der Nelke spicken und zum Fleisch geben.
Die vorbereiteten Gemüse dazugeben und das Fleisch in etwa 2 bis 3 Stunden bei milder Hitze gar kochen. Die gegarten Gemüse bereits nach 15 Minuten aus der Brühe nehmen, mit Eiswasser abschrecken und abtropfen lassen.
Den gegarten Tafelspitz aus dem Topf nehmen und zugedeckt warm stellen. Einen Liter Brühe abmessen und darin die Kartoffelwürfel weich garen. Einen Teil der gegarten Kartoffeln für die Einlage beiseite stellen.
In die restliche „Kartoffelbrühe" Butter und Sahne geben und das Ganze mit dem Mixstab pürieren. Nach Bedarf Sauce mit übriger Brühe verdünnen.
Die gegarten Gemüse passend zu den Kartoffelwürfeln schneiden und unter die Kartoffelsauce heben. Mit Meerrettich, Salz, Pfeffer und wenig Majoran würzen.
Den Tafelspitz quer zur Faser aufschneiden, leicht salzen und mit der Sauce anrichten. Mit frischem Meerrettich garnieren.

Anstatt Tafelspitz eignet sich Brust oder Schulter vom Rind für dieses Rezept ebenso. Hier ist in der Sauce die Beilage eigentlich schon komplett enthalten.

„Ochs an der Schnur“

750 g	Ochsen- oder Rinderfilet
1 l	ungesalzene Rinderbrühe
300 g	Gemüsestreifen (Karotte, Sellerie, Kohlrabi, Lauch, Zucchini)
120 g	Butter
100 g	Crème fraîche
1	kleine Stange Meerrettich
	Salz und Pfeffer
1 Bund	Schnittlauch

Das Filet binden und bei milder Hitze in etwa 25 Minuten in der Brühe rosa gar ziehen lassen. Herausnehmen und mindestens 20 Minuten an einem warmen Ort ruhen lassen.
In der Zwischenzeit die Gemüsestreifen in der Brühe knackig garen, herausnehmen und warm stellen.
Den Sud auf 200 ml einkochen und dann die Butter mit dem Mixstab einrühren, bis eine sämige glatte Sauce entsteht. Darauf achten, dass die Sauce nun nicht mehr kocht. Mit Crème fraîche und dem frisch geriebenen Meerrettich verfeinern. Salzen, pfeffern und nochmals kräftig aufmixen.
Das Filet mit einem scharfen Messer in Tranchen schneiden, leicht würzen und mit den Gemüsestreifen sowie der Sauce anrichten. Den Schnittlauch in Röllchen schneiden und darüber streuen; mit frisch geriebenem Meerrettich garnieren.

Auf dem Foto sehen Sie den „Ochs an der Schnur“ mit einem Markknödel, Rezept auf Seite 119, auf einem Markknochen. Salzkartoffeln passen genauso gut.
Warum das Gericht „Ochs an der Schnur“ heißt? Früher wurde das Rinderfilet an eine Schnur gebunden, wenn es aus den riesigen Suppentöpfen nebst Hühnern, Enten etc. schnell wieder herausgefischt werden musste. Eine echte Alternative zum sonst so üblichen gebratenen Filet.

Spanferkelhaxerl mit Senfkörnersauce

1 EL	Senfkörner
1 EL	Zucker
1 EL	Honig
1	Lorbeerblatt
1	Thymianzweig
100 ml	Weißwein
ca. 300 ml	Wasser

4 Stück	hintere Spanferkelhaxerl
	Salz, Pfeffer
	Fett zum Braten
300 g	Zwiebeln, geschält und grob zerkleinert
2	Knoblauchzehen, fein gehackt
400 ml	Bratenjus

Zunächst werden die Senfkörner zusammen mit dem Zucker, dem Honig, Lorbeerblatt und Thymianzweig in Weißwein und etwa 200 ml Wasser weich gekocht.
Das dauert ca. 35 Minuten. Falls die Flüssigkeit zu schnell reduziert ist, einfach noch etwas Wasser nachgeben.
Wenn die Senfkörner so weich sind, dass man sie beißen kann, das Ganze vom Feuer nehmen und noch $^1/_2$ Stunde in der Flüssigkeit belassen. Danach passieren, das Lorbeerblatt und den Thymianzweig entfernen und die Senfkörner sowie die Flüssigkeit gesondert bereitstellen.
Die Spanferkelhaxerl werden gesalzen, gepfeffert, mit dem Knoblauch eingerieben und mit der Schnittseite nach unten in eine gefettete Bratreine auf die grob zerkleinerten Zwiebeln gesetzt.
Nun die Haxerl bei ca. 210 °C im Ofen etwa 1 bis 1,5 Stunden knusprig braten. Dabei hin und wieder mit der Flüssigkeit, in der die Senfkörner gekocht wurden, bepinseln.
Wenn die Haxerl gar sind, aus der Reine nehmen und warm stellen. Den Zwiebel-Bratensaft mit der Bratenjus und eventuell noch etwas Wasser auffüllen und das Ganze noch weitere 10 Minuten köcheln lassen, danach passieren.
Die Zwiebeln warm stellen und die Sauce auf gewünschte Menge einkochen. Die Senfkörner zur Sauce geben und nochmals kurz aufkochen. Abschmecken.
Vor dem Servieren sollten die Haxerl nochmal für 5 bis 10 Minuten in den Ofen, um auch wirklich eine schöne Kruste zu erhalten. Die Haxerl mit der Senfkörnersauce und den Zwiebeln servieren.

Dieses Gericht ist auf dem Titelfoto abgebildet.

Als Beilage sehen Sie auf dem Foto Romanescogemüse und einen Wolpertinger Knödel. (Näheres zum Wolpertinger Knödel finden Sie auf Seite 116.)

TIP:
Lassen Sie die Haxerl ruhig 45 Minuten nach dem Braten ruhen. So haben Sie genügend Zeit, Sauce und Beilagen herzustellen. Außerdem wird es besonders knusprig, wenn Sie es danach nochmal für 10 Minuten in den Ofen schieben.
Das Haxerl ist gar, wenn sich der kleine Knochen leicht herausdrehen lässt.

Möglicherweise ist die Beschaffung der Spanferkelhaxerln nicht ganz leicht. Sie sollten sie auf jeden Fall bei Ihrem Metzger vorbestellen. Klappt's trotzdem nicht, dann können Sie auch eine klassische bayerische Schweinshax'n nach diesem Rezept zubereiten. Garzeiten und Portionierung verändern sich entsprechend.

Spanferkelripperl mit Weißbiersauce und ApfelküchERL

	Zutaten für das Ripperl
ca.1 kg	Spanferkelrücken
	Salz, Pfeffer und Kümmel
2 bis 3	Knoblauchzehen, geschält und gepresst
300 g	Zwiebeln, geschält und grob gewürfelt
50 g	Fett zum Braten
200 ml	Weißbier
500 ml	Bratenjus
	Fett zum Braten

	Zutaten für die Apfelküchrl
2	Äpfel, geschält, entkernt und geviertelt
150 g	Mehl
150 ml	Weißbier
1	Eigelb
	Salz
1 TL	Kümmel
2	Eiweiß, steif geschlagen
	Fett zum Ausbacken

Den Spanferkelrücken vom Metzger so herrichten lassen, dass die Rippenknochen 2 bis 3 cm frei liegen. Den Ofen auf 200 °C vorheizen. Den Spanferkelrücken mit Kümmel, Salz, Pfeffer und Knoblauch einreiben.
Zusammen mit den Zwiebeln in eine gefettete Bratreine legen und in den Ofen schieben. Während der Garzeit von 30 bis 40 Minuten öfter mit Weißbier übergießen. Nach etwa der Hälfte der Bratzeit die Schwarte einschneiden.
Den fertigen Spanferkelrücken aus der Reine nehmen und für etwa 20 Minuten an einem warmen Ort ruhen lassen. Für die Sauce den Bratensatz mit dem restlichen Weißbier sowie dem Bratenjus lösen, kurz aufkochen lassen und abschmecken.
Aus Mehl, Weißbier, Eigelb, Salz und Kümmel einen glatten Teig rühren. Eischnee vorsichtig unterheben. Die Apfelviertel in Mehl wenden, durch den Teig ziehen und in heißem Fett 3 bis 4 Minuten schwimmend ausbacken.
Den Spanferkelrücken aufschneiden und mit den Apfelküchrln und der Weißbiersauce anrichten.

Dazu passen prima etwas Gemüse und ein kleiner Kartoffelknödel, wie auf unserem Foto. Die pikanten Apfelküchrl eignen sich auch hervorragend zu anderen Braten- oder Schmorgerichten.

Kalbsbries gebacken in Kräuterbröseln

600 g	Kalbsbries
1	Zwiebel, geschält
	Nelke
1/2 Stange	Lauch, gewaschen
1	Kräutersträußchen
	Salz und Pfeffer
	Zitronensaft
100 g	Semmelbrösel
	reichlich Kräuter (Basilikum, Schnittlauch, Estragon, Dill), gehackt
	Mehl
2	Eier, verquirlt
80 g	Butter

Das Kalbsbries in kaltem Wasser wässern. In einem Topf mit kaltem Wasser das Kalbsbries zum Kochen aufstellen. Die Zwiebel mit der Nelke spicken und mit dem Lauch und dem Kräutersträußchen in den Topf geben.
Das Kalbsbries etwa 10 Minuten garen, dann herausnehmen, abkühlen lassen, häuten und in Scheiben schneiden. Salzen, pfeffern und mit Zitronensaft beträufeln.
Die Semmelbrösel mit den gehackten Kräutern vermischen. Die Briesscheiben in Mehl wenden, durch die Eier ziehen und in den Kräuter-Semmelbröseln panieren.
In reichlich schäumender Butter knusprig und goldbraun ausbacken.

Dazu schmeckt hervorragend eine Zitronenmayonnaise und Kartoffel-Gurkensalat oder junges Gemüse und Kartoffeln! Anstatt Kalbsbries ist dieses Rezept ebenso für Kalbszunge geeignet. Aus dem Sud kochen Sie eine feine Suppe.

Kalbshax'n in Zitronenrahm

1	hintere Kalbshax'n von ca. 2 kg, gründlich abgespült
2	Lorbeerblätter
1	Thymianzweig
250 ml	Weißwein
2	Zwiebeln, geschält
4	Karotten, geschabt
1	kleine Stange Lauch, gewaschen
250 ml	Sahne
	Salz und Pfeffer
	Zucker
	Saft und abgeriebene Schale von 1 Zitrone (ungespritzt)
150 g	kalte Butter
1/2 Bund	Zitronenmelisse

Die Kalbshax'n in einen Topf mit etwa 4 l Wasser legen. Die Lorbeerblätter, den Thymianzweig sowie den Weißwein hinzufügen. Das Gemüse hineingeben und langsam mitkochen. Nach dem ersten Aufkochen ständig die Oberfläche des Suds abschäumen.
Den Lauch nach einigen Minuten, die Karotten nach etwa 15 Minuten und die Zwiebeln nach 40 Minuten herausnehmen und beiseite stellen. Nach einer Gesamtkochzeit von ca. 1,5 bis 2 Stunden sollte die Haxe fertig sein, jedoch auf alle Fälle die Nadelprobe machen. Herausnehmen und zugedeckt warm stellen.
Den Sud durch ein Sieb passieren und etwa die Hälfte auf ungefähr 250 ml einkochen.
Die Sahne einrühren und mit Salz, Pfeffer, Zucker sowie Zitronensaft und -schale würzen. Die kalte Butter mit einem Mixstab einrühren.
Die Zitronenmelisse putzen, in dünne Streifen schneiden und in die Sauce geben. Nach Bedarf nochmals nachwürzen.
Die mitgegarten Gemüse in mundgerechte Stücke schneiden, das Hax'nfleisch vom Knochen und quer zur Faser in Scheiben schneiden. Zum Erwärmen in die Sauce geben und servieren.

Dazu passen hervorragend Kartoffel-Topfen-Nockerl, Rezept auf Seite 126.
Da die Kalbshax'n reich an gallertartigen Partien ist, die beim Kochen in den Sud übergehen, ist eine Bindung der Sauce mit Mehl nicht erforderlich.

Meine Krautwickerl

1	kleiner Weißkrautkopf
2	Semmeln vom Vortag, halbiert und in Scheiben geschnitten
125 ml	heiße Milch
300 g	frische Schwammerl nach Jahreszeit, sauber geputzt
1	Zwiebel, geschält und gehackt
1 bis 2	Knoblauchzehen, geschält und fein gewürfelt
	etwas Fett zum Braten der Schwammerl
300 g	Hackfleisch
2	Eier
	Salz, Pfeffer und Majoran
1 Prise	Curry und etwas Senf
1 Bund	Petersilie, gehackt
8 Scheiben	geräucherter Bauchspeck
250 ml	Brühe, etwas Butter für den Bräter
250 ml	Sahne
2 EL	frisch gehackte Kräuter
100 ml	Bratensauce
	Mehlbutter (20 g Mehl und 40 g weiche Butter verknetet)

Den Weißkrautkopf vom Strunk befreien und in kochendes Salzwasser geben. Die abfallenden Blätter herausnehmen und auf einem Tuch gut abtropfen lassen.
Die Semmelscheiben mit etwas heißer Milch leicht überbrühen.
Die Schwammerl etwas klein schneiden und zusammen mit den Zwiebelwürfeln und dem Knoblauch in einer Pfanne gut anbraten. Salzen und pfeffern. Etwa die Hälfte der angebratenen Schwammerln (für Sauceneinlage) beiseite stellen. Die restlichen Schwammerl grob hacken.
Nun aus dem Hackfleisch, den gebrühten Semmelscheiben, den Eiern und den gehackten Schwammerln eine Masse herstellen, kräftig abschmecken mit Salz, Pfeffer, Majoran, etwas Senf und einer Prise Curry. Etwa 2 EL davon auf 1 Krautblatt geben, dieses seitlich einschlagen, zusammenrollen und mit einer Speckscheibe umwickeln.
Einen passenden Bräter mit Butter ausstreichen und die Wickerl eng aneinander einsetzen. Mit Brühe auffüllen und in den auf 190 °C vorgeheizten Backofen schieben. Etwa 20 bis 30 Minuten garen. Die Wickerl herausnehmen und warm stellen.
Die Garflüssigkeit in einen Topf umfüllen.
Für die Sauce die Sahne und die Bratensauce zur Garflüssigkeit geben, auf die gewünschte Menge einkochen und mit der Mehlbutter leicht binden, abschmecken und mit dem Mixstab aufschlagen.
Nun die zurückgehaltenen Schwammerl und die Kräuter in die Sauce geben. Die Krautwickerl auf der Sauce anrichten. Dazu Kartoffelbrei reichen.

Forsthaus Wörnbrun
Richard Süßmeier

Rindsroulade in Gurkenrahm

	Zutaten für die Rouladen
4	Rinderrouladenschnitzel à 200 g aus der Oberschale
	Salz und Pfeffer
2	Zwiebeln, geschält und in Streifen geschnitten
100 g	geräucherter Speck, in Streifen geschnitten
2	Karotten, geschabt und in Streifen geschnitten
2	Essiggurken, in Streifen geschnitten
2 EL	mittelscharfer Senf
1 TL	Majoran
	Mehl zum Bestäuben
3 EL	Öl zum Braten

	Zutaten für die Sauce
150 g	Gemüse (Lauch, Zwiebeln Karotte, Sellerie), gewürfelt
1 EL	Tomatenmark
50 g	Mehl
125 ml	Weißwein
500 ml	Brühe
100 ml	Essiggurkensud
1	Lorbeerblatt
2	Nelken
5	Wacholderbeeren
100 ml	Sahne
100 g	Essiggurkenstreifen

Die Rindsrouladen flach klopfen, salzen und pfeffern.
Zwiebeln, Speck und Karotten in etwas Öl glasig anschwitzen. Die Pfanne beiseite ziehen, Gurken, Senf und Majoran hinzufügen.
Die Füllung auf den Rindsrouladen in der Mitte verteilen. Diese einschlagen, fest zubinden oder zustecken. Die Rouladen in Mehl wenden und in heißem Öl von allen Seiten hell anbraten; herausnehmen.
Die Gemüsewürfel in den Bratensatz streuen, mit Tomatenmark durchrösten und mit etwas Mehl bestäuben. Mit Weißwein ablöschen und mit Brühe und Essiggurkensud aufgießen. Die Gewürze beigeben.
Die Rouladen einlegen und bei mittlerer Hitze etwa 1 bis 1,5 Stunden schmoren lassen. Die Rouladen herausnehmen und warm stellen.
Die Sauce durch ein Sieb passieren und auf etwa 500 ml einkochen lassen. Mit Sahne und Gurkenstreifen verfeinern. Nochmals aufkochen lassen und nach Bedarf nachwürzen.

Dazu passen ein Kartoffel-Apfel-Püree, Rezept auf Seite 120, und frische Salate.

Junge Lammschulter mit Pfefferminzbutter gefüllt

1	junge Lammschulter von ca. 2 kg, vom Metzger auslösen lassen
	Salz und Pfeffer
1 Bund	Pfefferminze, die Blättchen abgezupft
1 Bund	Zitronenmelisse, die Blättchen abgezupft
250 g	kalte Kräuterbutter mit Knoblauch
1	Schweinenetz (beim Metzger vorbestellen)
50 g	Butterschmalz
300 ml	Bratensauce vom Lamm
2	Zwiebeln, geschält und in breite Streifen geschnitten
125 ml	Brühe

Den Ofen auf 180 °C vorheizen.
Die Lammschulter leicht klopfen, salzen, pfeffern und mit Pfefferminz- und Melisseblättchen auf der Innenseite belegen. Die Kräuterbutter darauf verteilen und das Fleischstück zusammenrollen. Anschließend in das Schweinenetz legen, aufrollen und zusätzlich mit Küchengarn gut verschließen.
In einem entsprechenden Bräter das Butterschmalz zerlaufen lassen und die Zwiebeln einstreuen. Die Lammschulter darauf setzen und in den Ofen schieben. Nach etwa 10 Minuten die Hitze auf 150 °C reduzieren und in weiteren 40 bis 60 Minuten fertig garen.
Ab und zu mit etwas Brühe übergießen. Die fast gare Schulter (sollte innen noch rosa sein) aus dem Bräter nehmen und an einem warmen Ort mindestens 20 Minuten zugedeckt ruhen lassen.
In der Zwischenzeit die Sauce zubereiten: Die Bratensauce in den Bräter gießen und kurz aufkochen lassen. Die Zwiebeln schmecken wunderbar, weil sie nun den ganzen Fleischgeschmack enthalten. Die Lammschulter vorsichtig portionieren und auf der Zwiebelsauce anrichten.

Dazu empfehle ich Kohlrabigmias, Rezept auf Seite 130, und Kartoffel-Topfen-Nockerl, Rezept auf Seite 126.
Die Schulter bekommt ihr Aroma von innen her durch die Kräuter und die Butter. Darauf achten, dass das Schweinenetz gut verschließt, damit vom Braten nichts auslaufen kann. Diese Zubereitungsart eignet sich wunderbar auch für ein Ziegenkitz.
Falls von der Lammschulter etwas übrig bleiben sollte (was ich nicht glaube), so lassen sich die Stücke sehr gut panieren und in Butterschmalz ausbacken.

Kalbskotelett in Bavaria-blue-Sauce

1	große Zwiebel, geschält und gewürfelt
30 g	Butter
200 ml	Brühe
200 ml	Sahne
	Pfeffer
1	Lorbeerblatt
4	Kalbskoteletts à 200 g
50 g	Fett
	Salz
100 ml	Weißwein
120 g	Bavaria-blue-Käse, in kleinen Stücken

Die Zwiebel in heißer Butter anschwitzen. Mit Brühe und einem Teil Sahne aufgießen. Mit Pfeffer würzen und mit dem Lorbeerblatt so lange köcheln, bis die Zwiebeln weich sind.
In der Zwischenzeit die Koteletts leicht klopfen, salzen und pfeffern. In heißem Fett von beiden Seiten langsam braten.
Die fertigen Koteletts warm stellen. Das Fett abgießen und den Bratensatz mit Weißwein ablöschen und diesen zur Sauce gießen.
Das Lorbeerblatt aus der Sauce nehmen und den Käse in kleinen Stückchen einrühren. Mit Sahne aufmixen und nochmals abschmecken.

Auf dem Foto sehen Sie das Kalbskotelett in Bavaria-blue-Sauce, angerichtet mit Spinat und Sekt-Graupen-Risotto, Rezept auf Seite 131 und einer ausgehöhlten, pochierten Birne.

Geschmorter Rindswadl

für 10 Personen

1	Rindshaxe (mit Knochen) von ca. 4 kg
	Salz und frisch gemahlener Pfeffer
100 g	Mehl zum Wenden
80 g	Fett zum Anbraten
3	Zwiebeln, nicht geschält
2	Karotten, gewaschen
1/2 Stange	Lauch, gewaschen
3	Knoblauchzehen, nicht geschält
100 g	Sellerie, gewaschen und ungeschält
2	Lorbeerblätter
3	Nelken
10	Wacholderbeeren
1	Thymianzweig
1 Stück	Speckschwarte
60 g	Tomatenmark
500 ml	guter Rotwein
3 bis 4 l	Brühe
	Wasser zum Nachgießen
50 g	Preiselbeerkompott
1 TL	Meerrettich
1 EL	scharfer Senf

Die Rinderhaxe salzen, pfeffern und in Mehl wenden. In einem großen Bräter das Fett erhitzen und darin die Wade von allen Seiten leicht anbraten, dann heraus nehmen.

Das Gemüse in ca. 2 cm große Stücke schneiden und in dem Bratensatz kräftig anrösten. Die Gewürze sowie die Speckschwarte beigeben und das Ganze mit Tomatenmark durchrösten. Zweimal mit Rotwein ablöschen und jeweils unter ständigem Rühren einkochen lassen.

Die Rinderhaxe in den Bräter zurücklegen und mit so viel Brühe auffüllen, dass sie gut bedeckt ist.

Den Bräter in den vorgeheizten Ofen schieben und die Wade bei ungefähr 150 °C etwa 4 bis 6 Stunden langsam schmoren. Zwischendurch die Rinderwade mehrmals wenden und nach Bedarf Wasser nachgießen.

Die fertig gegarte Wade aus dem Bräter nehmen und abgedeckt warm stellen. Die Sauce bei starker Hitze auf etwa 1,5 l einkochen. Anschließend mit Preiselbeeren, Meerrettich sowie Senf abschmecken und durch ein Sieb passieren.
Die Rinderhaxe vom Knochen lösen, dabei die besonders dicken Sehnen wegschneiden. Das Fleisch in Scheiben schneiden und in der Sauce servieren.

Als Beilage passt natürlich ein „Saucenschlucker" wie z. B. ein Brezengugelhupf oder Knödel aller Art.
Ich gebe zu, dieses Gericht braucht ein wenig Engagement, den richtigen Bräter oder Topf und sehr (sehr) viel Zeit. Doch werden Sie der unübertrefflich volle Geschmack und die „Super-Sauce" dafür entschädigen. Sie sollten dieses Gericht unbedingt bereits einen Tag vorher zubereiten – das Aufwärmen ist kein Qualitätsverlust!
Im Übrigen können Sie mit diesem Gericht viel mehr Sauce herstellen, als Sie zum Fleisch brauchen. Dieser Überschuss lässt sich bei einem anderen Gericht wieder hervorragend einsetzen.

Gefüllte Kalbstascherl à la Richard Süßmeier

600 g	Kalbslende
4	große Champignonköpfe, geputzt
1 EL	Zitronensaft
1	Schalotte, geschält und fein gewürfelt
1	Knoblauchzehe, geschält und fein gewürfelt
30 g	Butter
1/2 Bund	Petersilie, gehackt
150 g	Kalbsbriesröschen, blanchiert
1	Eidotter
	Salz und Pfeffer
	Brösel von 2 altbackenen Brezen
	Butterschmalz zum Ausbacken

Die Kalbslende in Schmetterlingsform à 150 g schneiden und zwischen zwei Klarsichtfolien flach klopfen. Champignons feinblättrig schneiden und mit Zitronensaft beträufeln.
Die Schalotten- und Knoblauchwürfel sowie die Champignons in heißer Butter andünsten. Anschließend mit den Kalbsbriesröschen, der Petersilie und dem Eidotter vermischen. Salzen und pfeffern.
Die Kalbsschnitzel mit der pikanten Mischung füllen, zusammenklappen und mit Holzspießchen zusammenstecken. Leicht salzen, pfeffern und in den Brezenbröseln wenden. In heißem Butterschmalz von beiden Seiten knusprig ausbacken.

Dazu passen ein bunter Kartoffelsalat wie auf dem Foto und ein frisches Bier. So empfiehlt es jedenfalls der Namenspatron dieses Gerichts.

Osso Buco à la Bavarese

4	Kalbshax'nscheiben mit Mark und Knochen à ca. 350 g
	Salz, Pfeffer und Majoran
	etwas Mehl
4 EL	Öl
300 g	Röstgemüse (Zwiebel, Karotte, Sellerie, Lauch), gewürfelt
1 EL	Tomatenmark
250 ml	Weißwein
3	Lorbeerblätter
1/2 TL	weiße Pfefferkörner
2	Nelken
4	Salbeiblätter
1	frischer Rosmarinzweig
15	Pimentkörner
	einige Petersilienstengel und frisch gehackter Knoblauch
1 l	Kalbsfond oder Rinderbrühe
	Zutaten für die Garnitur
100 g	Kohlrabi, in dünne Streifen geschnitten und blanchiert
60 g	Wirsing, in dickere Streifen geschnitten
100 g	Karotten, in dünne Streifen geschnitten und blanchiert
100 g	Rosenkohlröschen, gegart und halbiert
12	Silberzwiebeln
50 g	Räucherspeckstreifen
2 EL	Butter

Kalbshax'nscheiben salzen, pfeffern und in Mehl wenden. In heißem Öl einlegen und von beiden Seiten scharf anbraten; herausnehmen. Erst das Röstgemüse und dann das Tomatenmark in die Pfanne geben und gut ausrösten. Schluckweise mit Weißwein ablöschen und wieder völlig einkochen. Die Gewürze (auch Petersilienstengel und Knoblauch) hinzufügen und die Brühe angießen. Die Hax'nscheiben in die Sauce einlegen und diese bei mittlerer Hitze etwa 1,5 Stunden schmoren. Die gegarten Hax'nscheiben herausnehmen und abgedeckt kurz warm stellen. Die Sauce passieren und auf die gewünschte Konsistenz einkochen. Nochmals abschmecken. Die Zutaten für die Garnitur in schäumende Butter streuen und einige Minuten andünsten; salzen und pfeffern.

Dazu passen Omas Teigknödel, Seite 129, Kartoffel-Birnen-Gratin, Seite 127, oder Nudeln. Das Geheimnis der kräftigen Sauce wird aus Muskelfleisch und Knochenmark gesch(r)öpft. Sehr beliebt ist die italienische Version, die mit Gemüse und Tomaten geschmort wird. Probieren Sie jedoch auch diese bayerische Variante, sie hat einfach den volleren Kalbsgeschmack.

Kutteln mit Tomaten und Kümmel

600 g	Rinds- oder Kalbskutteln, weich gekocht (beim Metzger vorbestellen)
50 ml	Olivenöl
2	Zwiebeln, geschält und fein gewürfelt
2	Knoblauchzehen, geschält und fein gewürfelt
	Salz und frisch gemahlener Pfeffer
etwas	Feinwürzmittel
1 EL	Kümmel
1 EL	Tomatenmark
250 ml	trockener Weißwein
125 ml	Brühe
600 g	Tomaten, gehäutet, entkernt und gewürfelt oder 1 Dose geschälte Tomaten
1 Prise	Zucker

Die Kutteln in möglichst feine nudelartige Streifen schneiden. In heißem Olivenöl die Zwiebel- und Knoblauchwürfel zusammen mit den Kuttelstreifen andünsten.
Salzen, pfeffern, Kümmel und Tomatenmark hinzufügen. Nach einigen Minuten mit Weißwein ablöschen und mit Brühe aufgießen.
Die Tomatenwürfel einrühren und das Ganze etwa 15 Minuten köcheln lassen.
Kurz vor dem Servieren mit Salz, Pfeffer, Feinwürzmittel sowie einer kräftigen Prise Zucker nochmals abschmecken.

Dazu schmeckt am besten grüner Salat und Kartoffel-Apfel-Püree, Rezept auf Seite 120. Eines meiner Lieblingsrezepte!
Zu bestimmten Jahreszeiten ist es sicherlich besser die Tomaten aus der Dose zu verwenden. In diesem Fall brauchen Sie keine Brühe und auch kein Tomatenmark dazu.

Wild und Geflügel

Rehfilet und Rehfleischpflanzerl

Hirschrücken auf Glühweinzwiebeln

Truthahnschlegel in Apfelmost

Gamsschnitzel mit Enziansauce

Fasanenbrust mit Kastanienpüree

Rehnüsschen auf Sahnereherl

Gefüllte Entenbrust mit Steinpilzen

Kaninchenfilet in Reherl-Mandel-Panade

Eingemachtes Kaninchen wie bei meiner Mama

Rehrücken mit Lebkuchenkruste

Truthahn-Medaillons mit Aprikosen-Barbecuesauce

Perlhuhnbrüstchen auf Zitronennudeln

Rehfilet und Rehfleischpflanzerl

Zutaten für 6 Personen

1	Rehrücken von ca. 1,8 kg
300 g	Fleischabschnitte aus dem Rehrücken, grob gewürfelt
70 g	grüner Speck
1	altbackene Semmel, halbiert und in dünne Scheiben geschnitten
4 EL	Milch
2	Schalotten, geschält und gewürfelt
100 g	Butter
	Salz und Pfeffer
1 TL	Senf
1 TL	Meerrettich
1 TL	Preiselbeeren
3	Wacholderbeeren, zerdrückt
	Thymian
1	Ei
50 ml	Rotwein
1 EL	Weinbrand
150 ml	Sahne

Den Rehrücken auslösen und die Rehfilets kalt stellen. Die Knochen zerhacken und eine Grundsauce für Wild (Rezept auf Seite 164) herstellen.
Den Ofen auf 200 °C vorheizen. Für die Rehpflanzerl die Fleischabschnitte zusammen mit dem fetten Speck durch die 2 mm dicke Scheibe des Fleischwolfs drehen.
Die Semmelscheiben mit lauwarmer Milch beträufeln. Die Schalotten in ca. 20 g Butter glasig dünsten. Das Rehhackfleisch mit oben genannten Zutaten – vom Salz bis zum Thymian – pikant würzen.
Zuletzt die eingeweichte Semmel, das Ei und die abgekühlten Schalottenwürfel untermengen. Kleine Pflanzerl formen und diese in etwas Butter von beiden Seiten langsam braten lassen.
Die Rehfilets von allen Seiten anbraten und im Ofen noch 8 bis 10 Minuten garen. Herausnehmen und an einem warmen Ort zugedeckt 5 Minuten ruhen lassen. Den Bratensatz mit einem Schuss Rotwein ablöschen und mit der fertigen Wildsauce verkochen. Mit Sahne verfeinern und durch ein Sieb passieren. Zuletzt mit einem Mixstab die Butter einrühren und die Sauce abschmecken.
Das Rehfilet in Scheiben schneiden und mit den Pflanzerln sowie der Sauce servieren.

Dazu passen wunderbar Speckrosenkohl, Rahm-Schwammerl, Rezept auf Seite 142, Hollerspätzle, Rezept auf Seite 115 und, und, und ...
Bei den Rehpflanzerln sollten Sie unbedingt für den Geschmack und die Konsistenz ein Probepflanzerl herstellen. Ist es zu fest, dann geben Sie etwas Sahne hinzu. Ist es zu locker, dann etwas Semmelbrösel untermengen.

Hirschrücken auf Glühweinzwiebeln

2	rote Zwiebeln, geschält und geviertelt
500 ml	Glühwein
1 EL	Zucker
1	Lorbeerblatt
1,5 kg	Hirschrücken
	Öl zum Braten
300 g	Röstgemüse (Lauch, Sellerie, Zwiebel, Karotten)
1 EL	Tomatenmark
½	Orange, geschält und gewürfelt
1	Apfel, geschält und gewürfelt
1 l	kräftige Brühe
	Salz und Pfeffer
150 ml	Sahne
1 EL	Preiselbeeren
50 g	Butter

Die Zwiebeln mit dem Glühwein, dem Zucker sowie dem Lorbeerblatt vermengen und solange kochen, bis die Flüssigkeit fast ganz verdampft ist.
Den Hirschrücken auslösen, das Fleisch von Häuten und Sehnen befreien. Die Knochen klein hacken und in Öl zusammen mit den Gemüsewürfeln kräftig anbraten. Das Tomatenmark unter kräftigem Rühren mitrösten. Die Orangen- und Apfelwürfel beigeben. Das Ganze mit Brühe auffüllen, salzen und pfeffern. Etwa 2 Stunden köcheln lassen, dabei öfters abschäumen und nach Bedarf noch etwas Flüssigkeit nachgießen.
Den Ofen auf 200 °C vorheizen.
Die Sauce durch ein Sieb passieren und auf 250 ml einkochen lassen. Mit Sahne, Preiselbeeren und Butter verfeinern.
Das ausgelöste Hirschrückenfleisch salzen, pfeffern und im Ofen in einer Pfanne in etwa 15 bis 20 Minuten rosa braten. Aus der Pfanne nehmen und an einem warmen Ort 10 bis 15 Minuten ruhen lassen.
Das Fleisch aufschneiden und zusammen mit der Sauce auf den Glühweinzwiebeln anrichten.

Dazu passen „Grüne Knödel“, Rezept auf Seite 142 (siehe Foto) und Blaukraut. Die „süßen Zwiebeln“ schmecken auch zu anderen Wild-, Geflügel- oder Schweinefleischgerichten.

Truthahnschlegel in Apfelmost

ca. 2 kg	Truthahnschlegel
	Salz, Pfeffer
	etwas Mehl zum Wenden
60 g	Fett zum Anbraten
200 g	Röstgemüse (Zwiebel, Karotten, Sellerie)
100 g	Speck, zerkleinert
$^1/_2$	Apfel, zerkleinert
20 g	Tomatenmark
	etwas Knoblauch
1	Lorbeerblatt
1	Rosmarinzweig
400 ml	Apfelsaft
200 ml	Apfelmost
1 l	Grundsauce vom Geflügel, Rezept auf Seite 163
	Mehlbutter (1 EL Butter und 1 EL Mehl, vermengt)
1 Schuss	Calvados

Die Truthahnschlegel salzen, pfeffern, in Mehl wenden und in heißem Fett von allen Seiten anbraten.
Dann aus dem Schmortopf nehmen.
In diesem das Röstgemüse, den Speck sowie die Apfelstücke gut anbraten. Tomatenmark, Knoblauch, Lorbeerblatt, Rosmarinzweig hinzugeben und mitrösten. Das Ganze mit Apfelmost und Apfelsaft ablöschen und mit der Geflügel-Grundsauce auffüllen.
Die Truthahnschlegel dazu legen und im Ofen in etwa 50 bis 70 Minuten weich schmoren.
Falls die Garzeit sich verlängert, noch etwas Wasser zugießen.
Die Keulen aus der Sauce nehmen und warm stellen. Die Sauce passieren und mit der Mehlbutter leicht binden. Mit einem Schuss Calvados abschmecken. Das Fleisch portionieren und in der Sauce servieren.

Dies ist ein Gericht, das sich prima vorbereiten lässt, also sozusagen nicht à la minute hergestellt werden muss.
Dazu würde ich nach Jahreszeit Kastanien-Kartoffelbrei (siehe Seite 122) und Blaukraut mit Zimt und Orangen (siehe Seite 125), bzw. Kartoffel-Topfen-Nockerl (siehe Seite 126) und frischen Salat servieren.
Im Übrigen ergibt dieses Gericht viel Sauce, die man auch anderweitig verwenden kann.

Immer wieder werde ich gefragt, wie eine gehaltvolle Sauce herzustellen sei. Nun, hier ist das „Geheimnis“: Machen Sie hin und wieder mal ein Schmorgericht, dabei erzielen Sie meist mehr Sauce als Sie dafür brauchen. Diese Sauce leistet Ihnen bei anderen Gerichten oft hervorragende Dienste. Am besten in kleinen Portionen einfrieren. Dann taut Sie schnell wieder auf und es entsteht kein Qualitätsverlust.

Gamsschnitzel mit Enziansauce

4	Gamsschnitzel à 180 g, abgespült und trocken getupft
	grob zerstoßener Pfeffer
4 EL	Walnussöl
	Salz
50 ml	Enzianschnaps
200 ml	Wildsauce (siehe Rezept auf Seite 164; ersatzweise fertiger Fond)
1 EL	Johannisbeergelee

Die Gamsschnitzel klopfen, mit zerstoßenem Pfeffer einreiben und salzen. In heißem Walnussöl von beiden Seiten anbraten, die Hitze zurückdrehen und fertig braten. Herausnehmen und warm stellen.
Den Bratensatz mit Enzian ablöschen. Die Wildsauce eingießen und einige Minuten köcheln lassen. Nach Bedarf salzen, pfeffern und mit Johannisbeergelee verfeinern.
Die Gamsschnitzel auf vorgewärmten Tellern verteilen und mit der Sauce überziehen.
Nach Belieben mit erwärmtem Enzianschnaps übergießen und flambieren.

Dazu passen besonders gut seidene Preiselbeerknödel, Rezept auf Seite 124 oder, wie auf dem Foto, Hollerspätzle, Rezept auf Seite 115, und Kastanien-Krautwickerl, Rezept auf Seite 117. Noch ein Tip für den Einkauf – lassen Sie sich im Fachgeschäft gut beraten, denn das Fleisch sollte sehr gut abgehangen sein.

Fasanenbrust mit Kastanienpüree

300 g	Kastanien, geschält
60 g	Sellerie, geschält und gehackt
250 ml	Milch
125 ml	Sahne
40 g	Zucker
1 Schuss	Kirschwasser
4	Fasanenbrüstchen
	Salz und frisch gemahlener Pfeffer
	Öl zum Braten
1 Schuss	Essig
1 Schuss	Weißwein
100 ml	Geflügel- oder Wildsauce (Rezept auf den Seiten 163/164; ersatzweise fertiger Fond)
60 g	kalte Butterwürfel
	Thymian

Die Kastanien zusammen mit den Selleriewürfeln in ein Milch-Sahne-Gemisch legen. Mit Zucker verrühren und in etwa 25 Minuten abgedeckt weich kochen lassen. Im Küchenmixer zu einem feinen Püree verarbeiten, mit Kirschwasser verfeinern und bis zum Gebrauch warm stellen.
Den Ofen auf 160 °C vorheizen.
Die Fasanenbrüstchen würzen und in Öl von beiden Seiten anbraten. In den Ofen schieben und langsam in etwa 10 bis 15 Minuten fertig braten. Die gegarten Brüstchen aus der Pfanne nehmen, in Folie wickeln und warm stellen.
Den Bratensatz mit einem Schuss Essig und einem Schuss Weißwein ablöschen. Die Wildsauce zugießen und durchkochen. Zuletzt die kalten Butterwürfel unterrühren und nicht mehr kochen lassen. Die Sauce abschmecken und durch ein Sieb passieren. Etwas Thymian beigeben.
Vorgewärmte Teller mit einem Saucenspiegel versehen und die Fasanenbrüsterl darauf setzen. Das Kastanienpüree mit Löffeln zu Nockerln formen oder in eine Spritztüte füllen und aufspritzen. Dazu passt hervorragend ein feines Weinsauerkraut.

Fasanenfleisch ist bekanntlich sehr trocken. Aus diesem Grund sollte das Fleisch langsam und feucht gebraten werden – keinesfalls zu lange braten. Es gibt zwar heutzutage gezüchtete Fasane, die zarter und saftiger sind, jedoch meist den typischen Geschmack vermissen lassen.

Rehnüsschen auf Sahnereherl

500 g	Rehnuss oder ausgelöstes Rückenfilet
	Salz und frisch gemahlener Pfeffer
	Öl zum Braten
100 g	Butter
1	Zwiebel, geschält und fein gewürfelt
2	Knoblauchzehen, geschält und fein gewürfelt
400 g	Reherl, geputzt
400 ml	Sahne
100 ml	Wildsauce (Rezept auf Seite 164; ersatzweise fertiger Fond)
1 Bund	Petersilie, gehackt
1 Schuss	Weißwein

Die Rehnuss oder das Rehrückenfilet in etwa 60 g schwere Medaillons schneiden. Mit der Hand leicht flach drücken, salzen und pfeffern. In nicht zu heißem Öl auf jeder Seite etwa 2 Minuten braten. Aus der Pfanne nehmen und warm stellen.

In die gleiche Pfanne die Hälfte der Butter geben und darin die Zwiebel und Knoblauchwürfel kurz andünsten. Die Reherl einstreuen, kurz durchschwenken und, sobald die Pilze anfangen, Wasser zu ziehen, herausnehmen und auf ein Sieb geben, dabei den Saft auffangen.

Die Sahne, die Wildgrundsauce sowie den aufgefangenen Pilzsaft in die Pfanne gießen und auf die Hälfte einkochen lassen.

Die restliche Butter zugeben und mit dem Mixstab glatt rühren. Die Reherl salzen, pfeffern und in die Sauce geben. Zum Schluss die Reherlsahne mit gehackter Petersilie und Weißwein verfeinern.

Den ausgetretenen Fleischsaft der Rehnüsschen unter die Sauce mischen und das Fleisch auf dieser anrichten.

Dazu passen kleine Semmelknödelchen oder gleich ein großer „Brez'ngugelhupf", Rezept auf Seite 114.

Reherl sollten immer nur kurz, aber scharf gebraten werden, so bleiben sie aromatisch, schön in der Farbe und bissfest.

Gefüllte Entenbrust mit Steinpilzen

4	Entenbrüste à 200 g
2	Schalotten, geschält und fein gehackt
250 g	frische Steinpilze, geputzt und klein geschnitten
2 EL	Walnussöl
	Salz und Pfeffer
	Knoblauch, fein gewürfelt
2 EL	Petersilie, gehackt
25 g	Pumpernickel, gebröselt
3	Eidotter
4	Holzspießchen
	Fett zum Braten
1 Spritzer	Essig
300 ml	Geflügelgrundsauce, Rezept auf Seite 163
50 g	kalte Butter

Den Ofen auf 200 °C vorheizen.
Die Entenbrüste von Sehnen befreien. Am dicken Längsende der Brüste ca. 2 cm breite und 8 cm tiefe Taschen einschneiden. Salzen und pfeffern.
Die Schalottenwürfel und die Steinpilze in Walnussöl anbraten. Salzen, pfeffern sowie mit Knoblauch würzen.
Den Pfanneninhalt leicht abkühlen lassen und mit der Petersilie, den Pumpernickelbröseln und den Eidottern vermengen. Die Masse mit einer dicken Spritztülle in die Fleischtaschen einfüllen und mit Holzspießchen fest zustecken.
Die Entenbrüste in einer Pfanne mit reichlich Fett von beiden Seiten anbraten und dann mit der Hautseite nach unten in den Ofen schieben und 8 bis 10 Minuten rosa braten.
Die Entenbrüste aus der Pfanne nehmen und an einem warmen Ort mit der Hautseite nach unten mindestens 10 Minuten ruhen lassen.
Überflüssiges Bratfett aus der Pfanne abgießen, mit einem Spritzer Essig den Pfannensatz ablöschen und mit der Geflügelgrundsauce verkochen.
Die Sauce mit einem Stück kalter Butter binden und passieren, nochmals abschmecken.
Die Entenbrüste mit einem scharfen Messer quer zur Faser in vier oder fünf Scheiben schneiden und auf der Sauce anrichten.

Gebratenes Fleisch sollte und muss grundsätzlich ruhen! Nur so kann der Fleischsaft, der sich beim Braten meist an einem Punkt gesammelt hat, wieder im gesamten Bratenstück verteilen.
Als Beilage empfehle ich Kartoffel-Topfen-Nockerl, Rezept auf Seite 126, Mangold, wie auf dem Foto, oder ein Kartoffel-Apfel-Püree, Rezept auf Seite 120.

Kaninchenfilet in Reherl-Mandel-Panade

4	Kaninchenfilets à 100 g
1	Zwiebel, geschält und fein gewürfelt
2	Knoblauchzehen, geschält und gehackt
6 EL	Öl
	Salz und frisch gemahlener Pfeffer
50 g	Mehl
2	Eier, verquirlt
250 g	Reherl, geputzt und grob gehackt
60 g	Mandeln, gehobelt
50 g	Butter
1 Bund	Petersilie, gehackt

Die Kaninchenfilets von der Silberhaut befreien. Die Zwiebel- und Knoblauchwürfel in heißem Öl glasig anschwitzen. Die rohen, grob gehackten Reherl mit dem Pfanneninhalt und den Mandeln vermengen.

Die Kaninchenfilets salzen und pfeffern; in Mehl wenden und durch die verquirlten Eier ziehen. Zuletzt mit der Reherl-Mandelmischung panieren; fest andrücken. Die panierten Kaninchenfilets abdecken und für 30 Minuten in den Kühlschrank stellen.

In einer größeren Pfanne Öl und Butter erhitzen. Die Fleischstücke darin langsam und schonend von allen Seiten anbacken. Zuletzt die Petersilie darüberstreuen.

Das zarte, fein würzige Kaninchenfleisch harmoniert wunderbar mit den Reherln und den Mandeln. Außerdem bleibt das Kaninchenfilet durch die Panade schön saftig und die Mandeln bekommen genügend Röststoffe beim Ausbacken.

Dazu empfehle ich Ihnen ein saftiges Sekt-Graupen-Risotto, siehe Rezept auf Seite 131, oder auch Bratkartoffeln mit viel Petersilie und einem Löffel Sauerrahm sowie einem schönen Blattsalat.

Eingemachtes Kaninchen wie bei meiner Mama

1	Kaninchen von 1,5 bis 2 kg oder 4 bis 5 Kaninchenkeulen
1	Karotte, geschabt und grob gewürfelt
1/2 Stange	Lauch, gewaschen und grob geschnitten
1	Zwiebel, geschält und grob zerkleinert
100 g	Sellerieknolle, geschält und grob geschnitten
50 g	Petersilienwurzel, geschält und grob geschnitten
1	Lorbeerblatt
1	Nelke
1/2 TL	weiße Pfefferkörner

60 g	Butter
30 g	Mehl
200 ml	Sahne
250 ml	Weißwein
	Salz und Pfeffer
1 Prise	Zucker
	etwas frischer Basilikum
	etwas frischer Liebstöckel
	Saft von 1/2 Zitrone
1/2 TL	Kapern, gehackt
100 ml	Sahne, geschlagen

Einen Topf mit 2 l Wasser zum Kochen aufstellen. Nach dem ersten Aufkochen das zerteilte Kaninchen zusammen mit dem vorbereiteten Gemüse in den Topf geben. Die Geschmackszutaten und einen Schuss Weißwein hinzufügen. Bei leiser Hitze etwa 1 Stunde gar köcheln.
Das gegarte Fleisch aus dem Sud nehmen und zugedeckt beiseite stellen. Die Kochflüssigkeit durch ein Sieb gießen und auf ca. 500 ml einkochen.
Aus Butter und Mehl eine helle Einbrenne herstellen. Mit passiertem Sud, Sahne sowie dem restlichen Weißwein aufgießen und unter ständigem Rühren einige Minuten durchkochen lassen. Mit Salz, Pfeffer, Zucker, frischem Basilikum, Liebstöckel, Zitronensaft und den gehackten Kapern abschmecken.
Das Kaninchenfleisch zum Erwärmen in die Sauce legen. Zuletzt die geschlagene Sahne unterheben und in einem großen Gefäß auf den Tisch bringen.

Bei meiner Mutter gibt's dazu Kartoffelbrei, Nudeln oder die Teigknödel von der Oma, Seite 129.

Rehrücken mit Lebkuchenkruste

120 g	Butter
70 g	Lebkuchen, gerieben
30 g	Walnüsse, gerieben
1 Msp	Lebkuchengewürz
	geriebene Schale einer ½ Orange
	frisch gemahlener Pfeffer
1 Spritzer	Zitronensaft

1	Rehrücken von 1,6 bis 2 kg
	Salz
	einige Wacholderbeeren, zerdrückt
	Öl zum Braten
2	Zwiebeln, geschält und grob gewürfelt
2 EL	Honig
1 Schuss	Rotwein
1 Spritzer	Essig
500 ml	Wildsauce (siehe Rezept auf Seite 164; ersatzweise fertigen Fond)
100 ml	Sahne

Den Ofen auf 230 °C vorheizen. Für die Lebkuchenkruste die Butter schaumig schlagen und alle Zutaten – einschließlich Zitronensaft – untermengen.
Den Rehrücken von Häuten und Sehnen befreien, am Knochen etwas einschneiden sowie mit den Gewürzen und dem Öl einreiben.
Den Boden des Bräters einölen und mit den Zwiebelwürfeln auslegen. Den Rehrücken darauf setzen und in den Ofen schieben. Den Rehrücken nach etwa 8 Minuten herausnehmen. Zuerst mit Honig einstreichen, dann mit der Lebkuchenmasse überziehen. Erneut für etwa 8 Minuten bei 230 °C in den Ofen schieben. Sobald die Kruste schön braun ist – das Fleisch aber noch rosa, den Rehrücken herausnehmen und warm stellen.
Die Bratreine auf den Ofen stellen und den Bratensatz mit Rotwein sowie mit Essig loskochen. Die Wildsauce zugießen und das Ganze etwa 5 Minuten köcheln lassen. Die Sauce durch ein Sieb passieren und mit Sahne verfeinern. Nochmals abschmecken und die Sauce mit dem Mixstab aufschäumen.

Den Rehrücken am Tisch tranchieren, aber mit großer Vorsicht wegen der Lebkuchenkruste. Dazu passen Blaukraut, Kastanien-Krautwickerl (Rezept auf Seite 117) und „Grünwalder Ritterzipfe" (Rezept auf Seite 123) oder ein schönes Kartoffeln-Birnen-Gratin (Rezept auf Seite 127).

Sollte Ihnen der Aufwand mit dem ganzen Rehrücken zu groß sein, dann besteht die Möglichkeit Rehmedaillons, ausgelöst und geschnitten vom Rücken, mit der Lebkuchenmasse zu überbacken. Eine tolle Sache für festliche Tage.

Truthahn-Medaillons mit Aprikosen-Barbecuesauce

1	kleine Zwiebel, in Streifen geschnitten
1 bis 2	Knoblauchzehen, fein gehackt
	Öl zum Braten
200 g	Tomatenketchup
150 g	Aprikosenmarmelade
	Salz, Pfeffer
	etwas Curry
1 Msp	Cayennepfeffer
1 Spritzer	Sojasauce
10	Aprikosenhälften, in Spalten geschnitten
8	Truthahn-Medaillons à ca. 80 g

Für die Aprikosen-Barbecuesauce werden die Zwiebeln und der Knoblauch in Öl gut angedünstet. Danach Ketchup, Aprikosenmarmelade, Salz, Pfeffer, Curry, Cayenne und Sojasauce beigeben und die Sauce 5 bis 10 Minuten köcheln lassen.
Je nach Konsistenz mit Wasser verdünnen. Zum Schluss die Aprikosenspalten (in der Saison frische oder sonst können Sie ruhig konservierte Früchte verwenden) in die Sauce geben.
Die Truthahn-Medaillons salzen, pfeffern und in Öl von jeder Seite ca. 1 Minute braten und mit der Sauce servieren.

Dazu passen Folienkartoffeln, Reis oder nur frisches Brot.
Eigentlich ein Gericht des Sommers, das man sich aber ruhig mal zu einer anderen Jahreszeit auf den Tisch holen sollte.

Perlhuhnbrüstchen auf Zitronennudeln

4	Perlhuhnbrüstchen à 160 g
	Salz und Pfeffer
	Fett zum Braten
80 g	Butter
1	Zwiebel, geschält und fein gehackt
1 Schuss	Weißwein
500 ml	Sahne
	Saft und abgeriebene Schale von 1 Zitrone
1 Prise	Zucker
160 g	Bandnudeln, gekocht
300 g	Gemüsestreifen (Kohlrabi, Karotten, Zucchini), knackig gegart

Den Ofen auf 200 °C vorheizen.
Die Perlhuhnbrüstchen salzen und pfeffern. Mit etwas Fett in einer Pfanne anbraten und in den Ofen schieben. Die Brüstchen nach etwa 12 Minuten aus dem Backrohr nehmen und warm stellen.
Einen Teil Butter in die Pfanne gleiten lassen und darin die Zwiebelwürfel glasig andünsten. Mit einem Schuss Weißwein ablöschen und mit Sahne aufgießen. Das Ganze bei starker Hitze auf die Hälfte einkochen lassen.
Zitronenschale und den -saft in die Sauce geben. Mit Salz, Pfeffer und etwas Zucker abschmecken und die Sauce mit dem Mixstab sämig rühren.
Die Bandnudeln sowie die Gemüsestreifen in der restlichen Butter schwenken. Die Gemüsenudeln auf vorgewärmte Teller verteilen und mit Zitronensauce überziehen. Die Perlhuhnbrüstchen obenauf setzen.

Mit der Zitronenschale nicht sparsam umgehen, denn genau darin steckt der ganze Geschmack. Übrigens: Die Zitronennudeln schmecken auch herrlich zu Fisch oder unisono mit vielen frischen Kräutern.

Was es so dazu gibt

Brez'ngugelhupf

Hollerspätzle

Wolpertinger Knödel

Kastanien-Krautwickerl

Marzipanbratapfel

Markknöderl

Kartoffel-Apfel-Püree

Wirsinggmias (Wirsinggemüse)

Kastanien-Kartoffelbrei

Grünwalder Ritterzipfe

Seidene Preiselbeerknödel

Blaukraut mit Zimt und Orangen

Kartoffel-Topfen-Nockerl

Kartoffel-Birnen-Gratin

Kartoffelsalat

Omas Teigknödel

Kohlrabigmias (Kohlrabigemüse)

Sekt-Graupen-Risotto

Brez'ngugelhupf

6	altbackene Brezen ohne Salz, in ca. 2 x 2 cm große Würfel geschnitten
2	altbackene Semmeln, in ca. 2 x 2 cm große Würfel geschnitten
500 ml	heiße Milch
1	Zwiebel, geschält und gewürfelt
60 g	Butter
1/2 Bund	Petersilie, gehackt
4	Eier, getrennt
	Salz und frisch gemahlener Pfeffer
	Butter und Mehl für die Gugelhupfform

Die Brezen- und Semmelwürfel mit der heißen Milch überbrühen und zugedeckt ruhen lassen. Die Zwiebelwürfel in heißer Butter glasig dünsten.
Den Ofen auf 160 °C vorheizen. Die Gugelhupfform ausbuttern und mit Mehl ausklopfen.
Die eingeweichten Brezen und Semmeln mit den Zwiebelwürfeln, der Petersilie und den Eigelben vermengen. Leicht salzen und pfeffern. Das Eiweiß zu Schnee schlagen und zuletzt unterheben.
Die Brezenmasse in die vorbereitete Gugelhupfform 3/4 hoch einfüllen und in den vorgeheizten Ofen schieben. Die Backzeit beträgt 30 bis 40 Minuten. Anschließend 10 Minuten ruhen lassen und erst dann aus der Form stürzen.

Der Brez'ngugelhupf – am besten im Ganzen serviert – ist sicher eine Beilage, die Aufsehen erregt. Passend zu allen Gerichten, zu denen Sie vielleicht Nudeln, Knödel oder Spätzle servieren würden. Oder lassen Sie ihn einfach mal die Hauptrolle spielen – mit einer Champignon- oder Reherlsauce.
Und sollte einmal etwas vom Gugelhupf übrig bleiben (was ich nicht glaube), so schneiden Sie diesen in 1 cm dicke Scheiben. In schäumender Butter von beiden Seiten leicht gebraten, schmeckt er mindestens genauso gut.

Hollerspätzle

500 g	Mehl
80 g	Grieß
5	Eier
	Salz
	Muskatnuss, frisch gerieben
1 Prise	Thymian
200 ml	ungezuckerter Holundersaft
100 ml	Wasser
60 g	Butter

Das Mehl und den Grieß in eine Schüssel sieben. Die Eier einschlagen sowie Salz, Muskat, Thymian, etwa $^{3}/_{4}$ des Hollundersaftes und das Wasser hinzufügen.
Mit Hilfe eines elektrischen Rührgeräts einen geschmeidigen, glatten Spätzleteig herstellen. Einen Topf mit genügend Salzwasser zum Kochen aufstellen. Sobald das Wasser aufkocht, den Teig durch einen Hobel oder vom Brett in das siedende Wasser schaben.
Die Spätzle sind fertig, wenn sie an der Oberfläche des Wassers auftauchen. Aus dem Wasser nehmen und in kaltem Wasser abschrecken. Anschließend in einem Sieb gründlich abtropfen lassen.
In einer größeren Pfanne Butter erhitzen und darin die Spätzle portionsweise heiß schwenken. Zuletzt den restlichen Hollundersaft dazugießen (so erhalten sie wieder einen violetten Farbton) und leicht mit Salz und Pfeffer nachwürzen.

Ein Spätzleteig kann vielseitig geschmacklich verändert werden. Wie wär's mit geriebenen Nüssen, Spinat, Kräutern oder vielleicht mit Blaubeersaft? Eine raffinierte Beilage zu kräftigen Wild- oder Rindfleischgerichten.
Falls Sie über keinen selbst hergestellten Hollundersaft verfügen, so bekommen Sie diesen im Reformhaus oder in der Apotheke.

„Wolpertinger Knödel"

100 g	Zwiebeln, fein gewürfelt
60 g	Speckwürfel
50 g	Butter
200 ml	heiße Milch
350 g	altbackene Semmeln, fein geschnitten (oder Knödelbrot)
150 g	kalte Pellkartoffeln
50 g	Karotten, geraspelt
2 EL	Petersilie, grob geschnitten
2	Eier
2	Eigelb
	Salz, Pfeffer, Muskat
	Kartoffelstärke

Die Speck- und Zwiebelwürfel in Butter anbraten.
Die heiße Milch über das leicht gesalzene Knödelbrot gießen und 3 Minuten zugedeckt ziehen lassen.
Pellkartoffeln durch die Kartoffelpresse drücken und beigeben. Ebenso die angebratenen Zwiebel- und Speckwürfel, die geraspelten Karotten, die Petersilie sowie die Eier und die Eigelbe. Das Ganze würzen mit Salz (Achtung: nicht zu viel, da wir bereits Speck dabei haben), Pfeffer und Muskat.
Die Masse am besten mit der Hand vermengen und eine halbe Stunde stehen lassen.
Nun die Knödel formen und in Salzwasser, das mit angerührter Kartoffelstärke leicht gebunden wurde, in etwa 15 bis 25 Minuten (je nach Größe der Knödel) nach einmaligem Aufkochen gar ziehen lassen.

Auf dem Titelfoto sehen Sie den „Wolpertinger" klassisch rund. Mit etwas Phantasie können Sie ihm aber auch eine andere Form geben, z. B. oval oder auch ganz unförmig.
Die Idee für diesen Knödel war es eine Mischung aus Kartoffel- und Semmelknödel herzustellen. So musste das bayerische Urvieh halt seinen Namen dafür hergeben und obwohl er weder „Fisch noch Fleisch" ist, schmeckt er ganz prima.

Kastanien-Krautwickerl

400 g	Kastanien (Maronen), geschält
100 g	Sellerie, geschält und grob geschnitten
500 ml	Milch
250 ml	Sahne
50 g	Zucker
1	Ei
	etwas Kirschwasser
1	Wirsing- oder Blaukrautkopf
50 g	Mehl

Etwa 100 g Kastanien grob hacken und bis zum Gebrauch beiseite stellen.
Die restlichen Kastanien und den Sellerie in Milch und Sahne mit dem Zucker in etwa 25 Minuten weich kochen, bis noch $^1/_4$ der Flüssigkeit übrig ist. Noch warm in der Küchenmaschine pürieren. Das Ei zugeben und mit Kirschwasser parfümieren.
Vom Kraut den Strunk entfernen und im Ganzen in reichlich Wasser blanchieren. Sobald sich die Blätter lösen, diese einzeln abnehmen, abtrocknen und auf einem Tuch zu einer Gesamtfläche von etwa 40 x 25 cm auslegen. Mit Mehl bestäuben und die pürierte Masse darauf streichen.
Die gehackten Kastanien darüber streuen und mit dem Tuch zu einer Schnecke aufrollen. An den Enden mit Küchengarn zusammenbinden und in Salzwasser auf dem Siedepunkt etwa 20 bis 25 Minuten garen. Vor dem Anschneiden noch 10 Minuten an einem warmen Ort ruhen lassen.

Blaukraut muss länger blanchiert werden als Wirsing. Eine feine originelle Beilage zu Wild- und Geflügelgerichten.
Lässt sich auch gut vorbereiten und in der Mikrowelle erwärmen.

Marzipanbratapfel

	für die Füllung
30 g	Rosinen
2 EL	Rum
70 g	Butter
100 g	süße Biskuit- oder Kuchenbrösel
20 g	Zitronat und Orangeat, gewürfelt
1 EL	Zucker
	etwas Zimt
60 g	Marzipan
	für den Bratapfel
4	mittelgroße Äpfel, z. B. Jonathan
	Butter für die Form
40 ml	Apfelsaft
80 ml	Weißwein

Die Rosinen mit Rum beträufeln. Die Biskuitbrösel in Butter hell rösten. Nach und nach unter ständigem Rühren alle Zutaten hinzufügen. Ofen auf 180 °C vorheizen.
Von den Äpfeln an der Stielseite etwa 1 cm dicke Scheiben abschneiden. Die Kerngehäuse großzügig entfernen und die ausgehöhlten Äpfel mit der Marzipanmasse füllen; die Deckel wieder aufsetzen.
Eine feuerfeste Form ausbuttern, die gefüllten Äpfel einsetzen und den Apfelsaft sowie den Weißwein eingießen. Zusätzlich Butterflocken auf die Äpfel legen. Im vorgeheizten Ofen bei mittlerer Hitze etwa 30 Minuten garen lassen.

Eine prima Beilage zu Ente, Gans oder Wildgerichten. Schmeckt aber auch hervorragend als Dessert mit Vanillesauce oder Calvados-Sabayon.

Markknöderl

80 g	ausgelassenes Rindermark
100 g	Weißbrot, gerieben
2	Eier
	Salz und Pfeffer
	Muskat
1,5 l	Rinderbrühe

Das ausgelassene Rindermark, das Weißbrot und die Eier gut miteinander vermengen und mit Salz, Pfeffer und Muskat abschmecken.
Etwa 30 g schwere (kleine) Knödel formen und diese für etwa 30 Minuten kalt stellen. Anschließend in die kochende Rinderbrühe geben, einmal aufkochen und 40 bis 50 Minuten gar ziehen lassen.

Markknöderl eignen sich nicht nur als Suppeneinlage, sondern sind auch eine interessante Beilage zu mageren Fleischgerichten. Die Zubereitung ist denkbar einfach – bedenken Sie jedoch die relativ lange Garzeit.

Kartoffel-Apfel-Püree

800 g	Kartoffeln, geschält und zerkleinert
300 ml	Sahne
100 g	Butter
400 g	Äpfel, geschält, entkernt und gewürfelt
1 EL	Zucker
	etwas Zitronensaft
100 ml	Weißwein
	Salz
	Muskat

Die Kartoffeln in wenig Salzwasser gar kochen, abgießen und durch die Kartoffelpresse drücken. Die Sahne etwas erwärmen und zusammen mit der Butter mit einem Holzlöffel unter die Kartoffeln rühren.
Die Äpfel mit Zucker, Zitronensaft und Weißwein vermengen. Bissfest garen und unter das Püree mischen. Mit Salz und Muskat würzen.

Eine interessante und delikate Variante zum herkömmlichen Kartoffelpüree.
Übrigens: Ein kleiner Schuss Calvados gibt dem Ganzen noch einen besonderen Pfiff!

Wirsinggmias (Wirsinggemüse)

1	kleiner Kopf Wirsing, geviertelt, Strunk entfernt und in kleine Rauten geschnitten
	Salz
100 g	Butter
60 g	Mehl
200 ml	Sahne
100 g	geräucherter Speck, fein gewürfelt
1	Zwiebel, geschält und fein gewürfelt
	Pfeffer
	Muskat
	Feinwürzmittel

Den Wirsing gründlich waschen, in Salzwasser blanchieren und in Eiswasser abschrecken (so bleibt der Wirsing schön grün). Über einem Sieb abtropfen lassen und 500 ml Sud beiseite stellen.
Aus 80 g Butter und Mehl eine helle Schwitze zubereiten. Mit dem Wirsingsud und der Sahne aufgießen. Unter öfterem Rühren etwa 10 Minuten durchkochen lassen.
In der Zwischenzeit den Speck und die Zwiebel in der restlichen Butter glasig dünsten.
Die Wirsingrauten und die Speck-Zwiebeln unter die weiße Sauce mischen und nochmals gut aufkochen. Mit den Gewürzen pikant abschmecken.

Passt hervorragend zu gekochtem Fleisch, Geflügel- oder Wildgerichten. Die äußeren grünen Blätter nicht verwenden. Sie sind oft zäh und schmecken modrig.

Kastanien-Kartoffelbrei

Zutaten für 4–6 Personen

1 kg	Kartoffeln, geschält
100 g	Butter
150 ml	Milch
100 ml	Sahne
	Salz, Muskat
300 g	Kastanien, geschält
40 ml	Walnussöl
20 g	Zucker
1 Schuss	Walnusslikör oder Amaretto

Kartoffeln in Salzwasser kochen, abschütten, durch die Kartoffelpresse drücken und mit Butter, Milch, Sahne, Salz und Muskat einen Kartoffelbrei herstellen.
Die Kastanien in Walnussöl mit dem Zucker leicht rösten, etwas zerdrücken und zum Kartoffelbrei geben.
Das Ganze vermengen und mit einem Schuss Walnusslikör abschmecken.

Besonders gut passt der Kastanien-Kartoffelbrei zu Wild- oder Geflügelgerichten. Auch für Vegetarier sicher ein vollwertiges Schmankerl.

„Grünwalder Ritterzipfe"

500 g	mehlig kochende Pellkartoffeln, geschält und gut ausgedämpft
1	kleine Zwiebel, geschält und fein gewürfelt
100 g	geräucherter Bauchspeck, klein gewürfelt
50 g	Butterschmalz
100 g	Sauerkraut, gut ausgedrückt und grob gehackt
2	Eigelb
	Salz und Pfeffer
	Muskat
	Koriander aus der Mühle
3 EL	Mehl

Die gekochten Kartoffeln durch die Kartoffelpresse drücken. Zwiebel- und Wammerlwürfel in etwas Butterschmalz glasig dünsten; leicht abkühlen lassen.
Sämtliche Zutaten zu einem geschmeidigen Kartoffelteig verarbeiten. Mit mehligen Händen etwa fingergroße und -dicke Wülste (Zipfe) daraus formen. Zugedeckt für 1 Stunde kalt stellen. Anschließend in reichlich heißem Butterschmalz goldgelb und knusprig ausbacken.

Eine leckere Beigabe zu allen Braten- und Pfannengerichten oder aber auch solo mit Sauerkraut oder Apfelmus.

Seidene Preiselbeerknödel

1 kg	Pellkartoffeln, gekocht
	Salz
300 g	Kartoffelstärke
250 ml	heiße Milch
100 g	Preiselbeerkompott
2,5 l	Salzwasser

Die gekochten Kartoffeln schälen, durch eine Presse drücken und leicht auskühlen lassen. Anschließend salzen, mit 250 g Kartoffelstärke vermengen und mit heißer Milch übergießen.
Den abgekühlten Kartoffelteig nochmals durcharbeiten und daraus Knödel formen. Mit Preiselbeerkompott füllen.
Die restliche Kartoffelstärke mit etwas Wasser glatt rühren und in das siedende Salzwasser rühren. Die Knödel einlegen und diese in 20 bis 25 Minuten gar ziehen lassen.

Die Preiselbeerknödel passen hervorragend zu Enten- oder Wildgerichten.
Bei der Herstellung von Knödeln sollten Sie immer einen Probeknödel kochen. Sollte er nicht gut halten, so geben Sie noch etwas Mehl, Stärke oder Brösel dazu. Ist er zu fest, dann lockern Sie ihn einfach mit einem Ei oder entsprechender Flüssigkeit.
Die seidenen Preiselbeerknödel haben ihren Namen von dem seidigen Glanz ihrer Oberfläche erhalten. Wenn die Knödel an Ihren Zähnen hängen bleiben, so ist dies ein positives Qualitätsmerkmal.

Blaukraut mit Zimt und Orangen

1,25 kg	Blaukraut, äußere Blätter entfernt, geviertelt
1	große Zwiebel, in Streifen geschnitten
80 g	Enten- oder Schweinefett
250 ml	Brühe
	für die Marinade
	Salz und Pfeffer
	Zucker
	Essig
250 ml	Orangensaft
40 g	Preiselbeerkompott
125 ml	Rotwein
1 Prise	Zimt
	abgeriebene Schale einer ½ Orange
100 g	Apfelmus
1	Lorbeerblatt
2	Nelken

Das Blaukraut mit einem Hobel in nicht allzu feine Streifen schneiden.
Die Marinadezutaten verrühren, über das Kraut gießen und abdecken. Das Kraut mindestens einen Tag marinieren lassen.
Die Zwiebel im Fett glasig dünsten und das marinierte Kraut hinzufügen. Die Brühe eingießen und das Ganze etwa 1 Stunde schmoren lassen. Wenn nötig nochmals nachwürzen.
Falls gewünscht, mit etwas angerührter Weizenstärke leicht binden.

Durch das Marinieren des Blaukrauts erreichen Sie einen milden, aber doch herzhaft süß-sauren geschmacklichen Kontrast. Die Farbe wird dadurch auch intensiver.
Das Blaukraut lässt sich prima bis zu 10 Tagen im Kühlschrank aufbewahren, bzw. auch einfrieren. So können Sie ruhig die doppelte oder dreifache Menge herstellen.

Kartoffel-Topfen-Nockerl

600 g	Pellkartoffeln vom Vortag, geschält
600 g	Topfen, ausgedrückt
2	Eier
3	Eidotter
40 g	Parmesankäse, gerieben
1	Karotte, fein geraspelt
90 g	Grieß
	Salz
	Muskat
2 EL	Kartoffelstärke
40 g	Butter

Die geschälten Kartoffeln durch eine Presse drücken. Mit dem Topfen, den Eiern, den Eidottern, dem Parmesan, den feinen Karottenraspeln und dem Grieß zu einem mittelfesten Teig vermengen. Mit Salz und Muskat würzen.
Etwa 1,5 l Salzwasser zum Kochen bringen und mit angerührter Kartoffelstärke abbinden. Aus dem Kartoffel-Topfen-Teig mit einem Esslöffel Nockerl herausstechen und diese in das leicht siedende Wasser gleiten lassen. Nach jedem Nockerl den Löffel wieder abspülen.
Nach einer Garzeit von 10 bis 15 Minuten die fertigen Nockerl mit einer Schaumkelle aus dem Wasser nehmen. Kurz abtropfen lassen und in Butter schwenken.
Nach Belieben Kräuter, fein gewürfelten Schinken oder Pilze während dem Schwenken der Nockerln hinzufügen.

Bei dem Nockerlrezept ist es ausgesprochen wichtig, dass der Topfen sehr gut ausgedrückt wird – der Teig könnte sonst zu locker werden. Der Parmesankäse dient zur Geschmackshebung.
Besonders fein zu zarten, hellen Fleisch- und Geflügelgerichten mit leichter Sauce.

Kartoffel-Birnen-Gratin

400 g	Birnen, geschält, entkernt und in Scheiben geschnitten
	Saft von 1/2 Zitrone und ein schönes Stamperl Williamsschnaps
400 g	Kartoffeln, geschält und in Scheiben geschnitten
	Butter für die Form
	Salz und frisch gemahlener Pfeffer
250 ml	Sahne
1	Lorbeerblatt
1	Thymianzweig
80 g	Emmentaler, frisch gerieben

Die Birnenscheiben mit Zitronensaft und Williamsschnaps beträufeln. Eine Auflaufform ausbuttern. Den Ofen auf 170 °C vorheizen.
Die Birnen- sowie Kartoffelscheiben dachziegelartig in die Auflaufform einschichten. Salzen, pfeffern und mit Sahne aufgießen. Das Lorbeerblatt und den Thymianzweig zugeben. Den Auflauf mit Alufolie abdecken.
Die Form in den vorgeheizten Ofen schieben und in etwa 30 Minuten weich garen. Kurz vor Ende der Garzeit die Folie abnehmen, den Käse darüberstreuen und bei starker Oberhitze leicht bräunen.

Schmeckt prima zu Wildgerichten, zu Kurzbratfleisch und Geflügelgerichten. Lässt sich gut vorbereiten und auch in der Mikrowelle wieder erwärmen.
Die Kartoffeln keinesfalls in Scheiben geschnitten wässern, denn dadurch würde zu viel Kartoffelstärke entzogen und die wird zur Bindung benötigt.

Kartoffelsalat

1	mittelgroße Zwiebel, fein gewürfelt
500 ml	Brühe
1 kg	gekochte, geschälte und noch gut warme Pellkartoffeln
	Wein-Essig
	Salz, Pfeffer
	etwas Zucker
1 EL	mittelscharfer Senf
100 ml	Öl

Zunächst die Zwiebelwürfel in die Brühe geben und das Ganze auf die Hälfte einkochen.
Die Pellkartoffeln in etwa 1/2 cm dicke Scheiben schneiden, salzen, pfeffern, Essig, Zucker und Senf dazugeben und mit der Zwiebelbrühe übergießen. Nur kurz und vorsichtig vermengen und etwa 10 Minuten stehen lassen.
Danach das Öl beigeben, alles vermengen und mit den genannten Gewürzen nachschmecken.
Unbedingt lauwarm servieren.

Ich persönlich liebe Kartoffelsalat, wird er aber noch veredelt mit anderen Salaten wie Feldsalat, Rucola, Kresse, Gurke oder Endivien, so kann ich überhaupt nicht mehr nein sagen.
Je nach Kartoffelsorte verändert sich die Flüssigkeitszugabe entsprechend. Sie sollten keine zu mehligen Kartoffelsorten verwenden.

Omas Teigknödel

für 6 Knödel

1	kleine Zwiebel, geschält und fein gewürfelt
30 g	Butter
100 g	Mehl
125 ml	Milch
1	Ei
6	Semmeln vom Vortag, in ca. 1 cm große Würfel geschnitten
1 EL	gehackte Petersilie
	Salz
	Muskat

Die Zwiebel in heißer Butter glasig dünsten.
Aus Mehl, Milch und dem Ei einen glatten Teig rühren und über die Semmelwürfel gießen. Die Zwiebelwürfel, die Petersilie und Muskat hinzufügen. Die Masse locker durchheben und daraus 4 bis 6 Knödel formen.
Die Knödel in siedendes, gut gesalzenes Wasser legen und zugedeckt etwa 15 Minuten langsam kochen lassen. Danach sofort servieren. Das Fleisch muss bereits „auf ihn" warten.
Die Knödelmasse wird nicht gesalzen, nur das Kochwasser, und zwar dementsprechend kräftig.

Ein Knödel der Extraklasse. Ein bisschen Fingerspitzengefühl braucht man allerdings dafür – jedoch ist er zu einem würzigen Schmorgericht ein echtes Erlebnis.
Natürlich wissen Sie, liebe Freunde der *Feinen Bayerischen Küche*, dass man einen Knödel niemals mit dem Messer schneidet, weil er sonst eine glatte Oberfläche bekommt und die Sauce nicht mehr aufsaugen kann! Bei diesen Knödeln ist darauf ganz besonders zu achten.

Kohlrabigmias (Kohlrabigemüse)

2	große Kohlrabi, geschält und in dünne Stifte geschnitten
	Salz
30 g	Butter
20 g	Mehl
100 ml	Sahne
	Pfeffer
	Muskat
1 Prise	Feinwürzmittel

Die Kohlrabistifte in kochendem Salzwasser blanchieren. Über einem Sieb abtropfen lassen und dabei 250 ml Sud auffangen und beiseite stellen.
Aus Butter und Mehl eine helle Schwitze herstellen. Mit dem Kohlrabisud und der Sahne aufgießen. Salzen, pfeffern und mit Muskat würzen. Die Sauce etwa 5 Minuten kochen lassen und mit dem Mixstab glatt rühren.
Nach einigen Minuten die Kohlrabistifte unterheben, nochmals aufkochen und bei Bedarf nachwürzen.

Sollten die Kohlrabi noch junge Blätter haben, dann schneiden Sie diese in feine Streifen und geben sie kurz vor dem Servieren zum Gemüse. Ein Gemüse, das wirklich „zu allem“ passt.
Noch verfeinert mit einem Spritzer Trüffelöl, ein echtes „Gemüse-Highlight“.

Sekt-Graupen-Risotto

100 g	Butter
1	Zwiebel, geschält und gehackt
100 g	Speck, fein gewürfelt
70 g	Karotten, geschabt und gewürfelt
70 g	Sellerie, geschält und gewürfelt
70 g	Lauch, geputzt und gewürfelt
250 g	Graupen
600 ml	Rinderbrühe
100 ml	Sekt
	frisch gehackte Kräuter (Kerbel, Petersilie, Schnittlauch)
	Salz und Pfeffer

In einem breiten, flachen Topf etwa die Hälfte der Butter erhitzen. Zwiebel-, Speck- und Gemüsewürfel der Reihe nach andünsten und dabei ständig rühren. Zuletzt die Graupen einstreuen und noch einige Minuten dünsten lassen. Mit Rinderbrühe und Sekt aufgießen.
Nach dem ersten Aufkochen den Topf mit einem Deckel gut verschließen und diesen in den auf 180 °C vorgeheizten Backofen schieben.
Das Graupen-Risotto nach etwa 40 Minuten aus dem Ofen nehmen. Die restliche kalte Butter einrühren und mit Kräutern, Salz und Pfeffer pikant verfeinern.

Eine nicht alltägliche Beilage, saftig, würzig, extravagant.
Servieren Sie das Risotto zu Fisch oder Geflügel. Verwenden Sie jeweils die entsprechende Grundbrühe zum Aufgießen.

Schwammerl und Gmias als Hauptsache

G'röste Reherl auf Bauernbrot

Gemüse-Kartoffel-Lasagne

Gemüseg'röstl auf Kartoffelquark

Frischer Spargel mit Basilikum-Hollandaise

Rösti mit frischen Steinpilzen in Petersilienrahm

Lauchkuchen

Rahm-Schwammerl und grüne Knödel

Sellerieschnitzel in Parmesanbrösel gebacken
mit Joghurtsauce

Schwammerl-Maultaschen mit braunen
Haselnusszwiebeln

Gefüllte Gemüsepfannkuchen

Müslidatschi mit Radieserlsauce

G'röste Reherl auf Bauernbrot

600 g	Reherl, geputzt
2 EL	Öl
100 g	Butter
2	Schalotten, geschält und fein gewürfelt
2	Knoblauchzehen, geschält und fein gewürfelt
	Salz und Pfeffer
8	Eier
1	Bund Petersilie, grob gehackt
1 Msp	Currypulver
4	Scheiben Bauernbrot

Die Reherl nach dem Putzen waschen und für 10 Minuten zum Trocknen in den auf 80 °C vorgewärmten Backofen legen oder 1 Stunde in die Sonne stellen. Das erhöht das Pilzaroma.
In einer größeren Pfanne das Öl erhitzen. Die Reherl einstreuen und 1 Minute scharf rösten; herausnehmen. In den Bratensatz 50 g Butter gleiten lassen und darin die Schalotten- und Knoblauchwürfel glasig andünsten. Die Reherl wieder zugeben, salzen und pfeffern.
Die Eier darüber schlagen und das Ganze vorsichtig vermengen. Die Petersilie unterheben und nach Bedarf nochmals würzen.
Die Brotscheiben mit der restlichen Butter bestreichen und ganz leicht mit Currypulver bestäuben (hebt den Geschmack). In der Pfanne von beiden Seiten kurz bräunen und mit den gerösteten Reherln servieren.

Dazu passt Kopfsalat; das Gericht ist als Vorspeise oder auch als Hauptsache ein echtes und beliebtes feines bayrisches Schmankerl.
Wenn Sie die Möglichkeit haben, die gewaschenen Reherl für 1 Stunde an die Sonne zu legen, so sollten Sie dies unbedingt tun. Die Pilze trocknen schön ab und lassen sich besser braten, weil sie nicht mehr so viel Wasser enthalten.

Gemüse-Kartoffel-Lasagne

Zutaten für 6–8 Personen

100 g	Butter
70 g	Mehl
	Milch
	Salz, Pfeffer, Curry
	Trüffelöl
	evtl. etwas Feinwürzmittel
1	mittelgroße Zwiebel, fein gewürfelt
1 bis 2	Knoblauchzehen
50 g	Olivenöl
300 g	Pilze der Saison
1,2 kg	Gemüse der Saison, etwa 1 x 1 cm groß geschnitten und blanchiert
300 g	Lasagne-Nudelblätter, vorgekocht
500 g	Pellkartoffeln, geschält, in 1/2 cm dicken Scheiben
2	große geschälte Tomaten, in Scheiben
150 g	geriebener Käse (Emmentaler oder Gouda)

Zunächst stellen wir eine Sauce Bechamel her. Aus Butter und Mehl eine Mehlschwitze machen, mit der Milch auffüllen und unter ständigem Rühren eine dicke Sauce kochen. Abschmecken mit Salz, Pfeffer und etwas Trüffelöl, warm halten.
Nun die Zwiebelwürfel und den Knoblauch in Olivenöl andünsten. Die gereinigten und zerkleinerten Pilze beigeben und etwa 2 Minuten mitdünsten. Salzen, pfeffern und beiseite stellen.
Jetzt die vorbereiteten und blanchierten Gemüse kräftig abschmecken mit Salz, Pfeffer, Curry, Trüffelöl und ggf. mit einer Prise Feinwürzmittel. Zuletzt die angebratenen Pilze untermischen.
Schließlich werden alle Zutaten in eine gebutterte Reine geschichtet. Und zwar in dieser Reihenfolge: Beginnend mit wenig Bechamelsauce, dann Nudeln, wieder etwas Sauce, jetzt die Kartoffelscheiben (diese leicht salzen und pfeffern). Nun eine Schicht Gemüse, wieder Sauce und geriebenen Käse. Diesen Vorgang (ohne die Kartoffeln) wiederholen. Zum Schluss mit den Tomatenscheiben belegen und nochmal mit Käse bestreuen.
Im Ofen bei 170 °C 40 bis 50 Minuten backen. Herausnehmen und mindestens 20 Minuten ruhen lassen.
Am besten schmeckt dazu eine fruchtige Tomatensauce oder eine leichte Schwammerlsauce.
Ich habe bewusst keine detaillierte Gemüseangabe gemacht. Sie können und sollten den Jahreszeitenkalender wählen lassen. Im Herbst wird's halt eher „krautiger und knolliger“ und im Frühjahr etwas „spargeliger“.
Zu beachten ist nur, dass die Gemüse gut abgeschmeckt und nicht zu nass verarbeitet werden.

Übrigens: Das Gericht lässt sich prima vorbereiten, vielseitigst einsetzen (Vorspeise, Hauptgang vegetarisch) und hervorragend in der Mikrowelle wieder aufwärmen.

Gemüseg'röstl auf Kartoffelquark

300 g	Blumenkohl, gewaschen, in kleine Röschen geteilt und in Salzwasser blanchiert
2	Zucchini, gewaschen und in 1/2 cm dicke Scheiben geschnitten
1	Aubergine, gewaschen und in 1/2 cm dicke Scheiben geschnitten
2	Paprikaschoten, gewaschen, entkernt und in 2 cm große Stücke geschnitten
	Salz und Pfeffer
	Currypulver
250 g	Steinpilze, geputzt und in 1/2 cm dicke Scheiben geschnitten
3	Tomaten
	Knoblauch
	Feinwürzmittel
100 ml	Olivenöl
600 g	Pellkartoffeln, gekocht, heiß geschält und in 1/2 cm große Würfel geschnitten
350 g	Quark
100 ml	Sauerrahm
100 ml	Joghurt
	Zitronensaft
	frisch gehackte Kräuter

Blumenkohl, Zucchini, Aubergine und Paprika salzen, pfeffern und leicht mit Curry würzen. Die Steinpilze mit Salz, Pfeffer und Knoblauch würzen.
Das Gemüse der Reihe nach in Olivenöl anbraten und aus der Pfanne nehmen. Pellkartoffeln salzen und pfeffern.
Quark, Sauerrahm und Joghurt glatt rühren. Mit Zitronensaft, Curry, Salz, Pfeffer und Feinwürzmittel pikant abschmecken.
Die Kartoffelwürfel sowie die frischen Kräuter unter die Quarkmischung heben. Auf Tellern anrichten und darauf das Gemüseg'röstl verteilen, mit Tomatenscheiben garnieren.

Ein vegetarisches Gericht, das wirklich schmeckt, satt macht und alle wichtigen Nährstoffe enthält. Lässt sich auch prima als Vorspeise oder als vollwertiges Abendessen anbieten.
Die hier angegebenen Gemüse sind natürlich nur ein Vorschlag! Bei Ihrer Zusammenstellung halten Sie sich am besten an das Marktangebot bzw. verwenden, was in Ihrem Garten wächst.

Frischer Spargel mit Basilikum-Hollandaise

	Zutaten für den Spargel
2 kg	Spargel, geschält und holzige Enden großzügig abgeschnitten
50 g	Butter
	Salz
	Zucker

	Zutaten für die Sauce
250 g	Butter
3	Eidotter
4 EL	Weißwein
	etwas Zitronensaft
	Salz und Pfeffer
1 Bund	frisches Basilikum, in Streifen geschnitten

Einen größeren Topf mit genügend Wasser und unter Zugabe von Butter, Salz und Zucker zum Kochen aufstellen. Den Spargel einlegen und 1 Minute sprudelnd kochen und danach mindestens 30 Minuten ziehen lassen. Der Spargel muss noch bissfest sein.
Die Butter klären und durch ein Sieb abgießen. Die Eidotter mit Weißwein, Zitronensaft, Salz und Pfeffer über einem warmen Wasserbad cremig aufschlagen. Vom Feuer nehmen. Anschließend die geklärte, noch gut warme Butter tropfenweise unterrühren. Zuletzt die Basilikumstreifen beigeben.
Die gegarten Spargelstangen auf einem Tuch kurz abtropfen lassen und auf vorgewärmten Tellern anrichten. Mit der Sauce überziehen. Dazu gibt's natürlich Kartoffeln.

Eine Sauce Hollandaise ist nicht „sooo" schwer zuzubereiten, wenn man einige Regeln beachtet. Die Eidotter kräftig aufschlagen und das Wasserbad nicht zu heiß werden lassen, denn sonst gibt's Rühreier. Die Butter langsam in die aufgeschlagene Creme rühren, damit eine schöne Bindung entsteht.
Die Eimasse sowie die geklärte Butter sollten möglichst die gleiche Temperatur haben. Rechtzeitig herstellen und an einem warmen Ort aufbewahren.

Rösti mit frischen Steinpilzen in Petersilienrahm

	Zutaten für die Steinpilze
2	kleine Zwiebeln, geschält und fein gewürfelt
1	Knoblauchzehe, geschält und fein gewürfelt
1/2	Bund glatte Petersilie, grob gehackt
80 g	Butter
600 g	frische Steinpilze, geputzt und klein geschnitten
200 ml	Weißwein
500 ml	Sahne
	Salz und Pfeffer
100 ml	Sahne, steif geschlagen

	Zutaten für die Rösti
1,2 kg	Pellkartoffeln (2 Tage alt), geschält
150 g	geräucherter Speck, gewürfelt
2	Zwiebeln, geschält und gewürfelt
50 g	Butter
	Salz und Pfeffer

Die Zwiebeln und den Knoblauch in schäumender Butter anbraten, Pilze beigeben und ebenfalls kurz braten. Die Pilze aus der Pfanne nehmen und warm stellen.
Den Pfannensatz mit Weißwein ablöschen und mit Sahne aufgießen. Solange einkochen, bis die Sauce eine sämige Konsistenz erhält. Die Sauce mit dem Mixstab aufmixen, Pilze salzen, pfeffern und in die Sauce geben. Die Petersilie einstreuen und kurz vor dem Servieren die Schlagsahne unterheben. Nochmals abschmecken.
Für die Rösti die Pellkartoffeln schälen und mit der Röstiraffel reiben. Den Speck und die Zwiebel in einer größeren Pfanne in heißer Butter kurz anbraten. Die geriebenen Pellkartoffeln beigeben, salzen und pfeffern. Kurz mitbraten und dann die Rösti mit einem Löffel formen. Auf beiden Seiten knusprig und goldbraun braten.

Nach Belieben einen großen Rösti in der Pfanne formen und diesen auch so servieren. Steinpilze sollten Sie auf keinen Fall waschen, sie verlieren dabei zuviel Aroma und lassen sich schlecht braten. Dieses Rezept ist der Favorit meiner Frau, ich persönlich als echter Bayer bevorzuge zu Steinpilzen natürlich Semmelknödel.

Lauchkuchen

	für den Teig
500 g	Mehl
300 g	Butter
10 g	Salz
150 ml	Wasser
	für den Belag
500 g	Lauch, gewaschen und in 1 cm dicke Scheiben geschnitten
150 g	geräucherter Speck, gewürfelt
	etwas Butter
4	Eier
4	Eidotter
200 ml	Sahne
200 ml	Milch
	Salz und Pfeffer
	Muskat
200 g	Emmentaler oder Allgäuer Bergkäse, gerieben
5	Tomaten, gehäutet
	Butter für die Form (30 cm Durchmesser)

Mehl, Butter, Salz und Wasser rasch zu einem Teig verarbeiten und für mindestens 30 Minuten kalt stellen. Die Lauchstreifen und die Speckwürfel in etwas Butter andünsten, die Pfanne beiseite ziehen.

Eier, Eidotter, Sahne und Milch miteinander verkleppern. Mit Salz, Pfeffer und Muskat kräftig würzen. Den Ofen auf 160 °C vorheizen.

Den kalten Teig auf einer bemehlten Arbeitsfläche etwa 3 mm dick auswellen. Eine Backform ausbuttern und mit dem Teig auslegen, auch am Rand hochziehen.

Abwechselnd Speck, Lauch und Käse in die Form streuen. Zuletzt die Tomaten in Scheiben schneiden und kreisförmig darauflegen. Mit Ei-Sahnemischung übergießen und in den Ofen schieben. Die Backzeit beträgt knapp 1 Stunde. Anschließend die fertige Lauchtorte 30 Minuten ruhen lassen.

Dazu passen frische gemischte Salate, eine kalte Kräutersauce und ein Glas Apfelmost oder Weißwein.

Rahm-Schwammerl und grüne Knödel

	Zutaten für die Rahm-Schwammerl
250 g	Reherl, geputzt
150 g	Maronenröhrlinge, geputzt
250 g	Steinpilze, geputzt
100 g	Egerlinge, geputzt
3	Schalotten, geschält und fein gewürfelt
3	Knoblauchzehen, geschält und fein gewürfelt
200 g	Butter
500 ml	helle Rinder- oder Geflügelbrühe
125 ml	Weißwein
400 ml	Sahne
	Salz und Pfeffer
20 g	Mehl

	Zutaten für die grünen Knödel
60 g	frische Kräuter (Petersilie, Kerlbel, Basilikum, Liebstöckel etc.), grob zerkleinert
30 g	Spinat, gewaschen
125 ml	Wasser
400 g	Semmeln, entrindet
100 ml	Sahne
	Salz und Pfeffer
	Muskat
1	kleine Zwiebel, geschält und gehackt
50 g	Butter
3	Eier

Alle Pilze nach Bedarf etwas kleiner schneiden. Die Schalottenwürfel und den Knoblauch in 100 g heißer Butter glasig anschwitzen. Das Mehl einsieben und kurz mitrösten. Unter ständigem Rühren mit Brühe, Weißwein und Sahne aufgießen. Salzen und pfeffern.
Etwa 10 Minuten zu einer cremigen Sauce kochen und mit dem Mixstab aufschlagen.
Die Schwammerl der Reihe nach in der restlichen Butter andünsten. Zuerst die Steinpilze, die Maronen, die Reherl und dann die Egerlinge. Salzen, pfeffern und nach Geschmack zusätzlich mit Knoblauch würzen. Die Schwammerl unter die fertige Sauce mischen und kurz aufkochen lassen.
Sollten die Schwammerl (vor allem Maronenröhrlinge und Steinpilze) zu viel Bindung abgeben, so gießen Sie noch etwas Brühe an.

Die Kräuter für die Knödel sowie den Spinat 2 Sekunden in kochendem Wasser blanchieren und sofort in Eiswasser abschrecken. Anschließend im Küchenmixer mit 125 ml Wasser fein pürieren.

Die „weißen" Semmeln in feine Scheiben schneiden. Die Sahne erhitzen, darüber gießen und mit Salz, Pfeffer sowie Muskat pikant würzen.

Die Zwiebel in heißer Butter glasig dünsten.

Die aufgeweichten Semmelscheiben mit der grünen Sauce, den angeschwitzten Zwiebeln und den Eiern vermengen. Mit feuchten Händen kleine Knödel formen und diese in siedendes Salzwasser legen. Ca. 5 Minuten kochen und 5 Minuten gar ziehen lassen. Sofort servieren!

Dies ist eigentlich ein echter Schwammerl-Eintopf. Sollten sie kein so großer Knödelfan sein, die Rahmschwammerl schmecken auch prima mit Nudeln, verfeinern Sie dann aber die Sauce mit vielen frischen Kräutern, vor allem mit Petersilie.

Die grünen Knödel passen nicht nur hervorragend zu Pilzgerichten, sondern auch zu Geflügelgerichten, Wild, Braten oder als Suppeneinlage.

Unbedingt sofort servieren, denn sonst sind es keine grünen, sondern graue Knödel, Foto S. 97.

Sellerieschnitzel in Parmesanbrösel gebacken mit Joghurtsauce

1	Sellerie, geschält und in 1/2 cm dicke Scheiben geschnitten
	etwas Zitronensaft
	Salz und Pfeffer
50 g	Parmesankäse, gerieben
80 g	Semmelbrösel
	etwas Mehl
2	Eier, verquirlt
60 g	Butterschmalz
150 ml	Sahnejoghurt
150 ml	Sauerrahm
	frisch gehackte Kräuter, wenn möglich Salbei, Liebstöckel und Selleriekraut
1 Msp	Currypulver

Den Sellerie sofort mit Zitronensaft einreiben, salzen und pfeffern. Parmesankäse und Semmelbrösel miteinander vermengen.
Die Selleriescheiben in Mehl wenden, durch die verquirlten Eier ziehen und dann in dem Käse-Brösel-Gemisch panieren. In heißem Butterschmalz von beiden Seiten langsam ausbacken.
Aus Joghurt, Sauerrahm, Kräutern, Currypulver, Salz und Pfeffer eine feine Sauce rühren.
Mit Kartoffeln, Zitronenspalte und frischen Salaten servieren.

Ein besonders bevorzugtes Rezept in meiner vegetarischen Kochkiste. Verehrte Freunde der *Feinen Bayerischen Küche*, Sie wissen ja, Sellerie ist als Aphrodisiakum anerkannt.
Wenn Sie diese Wirkung jedoch nicht wünschen sollten oder Ihr Gemüse grundsätzlich gerne etwas weicher mögen, dann müssen Sie die Scheiben vorher kurz blanchieren.

Schwammerl-Maultaschen mit braunen Haselnusszwiebeln

Zutaten für den Teig

300 g	Mehl
50 g	Grieß
3	Eier
	Salz
3 EL	Öl
	lauwarmes Wasser

Zutaten für die Füllung

1	kleine Zwiebel, geschält und fein gewürfelt
1	Knoblauchzehe, geschält und fein gewürfelt
100 g	Steinpilze, geputzt und grob gewürfelt
100 g	Pfifferlinge, geputzt und grob gewürfelt
50 g	Champignons, geputzt und grob gewürfelt
30 g	Butter
	Salz und Pfeffer
50 g	Kalbsbrät
2	Eier
1 EL	glatte Petersilie, gehackt
2	große Zwiebeln, geschält und in Streifen geschnitten
80 g	Butter
50 g	Haselnussblättchen (gehobelte Haselnüsse)

Aus Mehl, Grieß, Eiern, Salz, Öl und etwas Wasser einen glatten Nudelteig herstellen. In Klarsichtfolie wickeln und 1 Stunde in den Kühlschrank stellen.
Die Zwiebel- und Knoblauchwürfel in etwas Butter glasig dünsten. Die Pilze mitbraten, salzen und pfeffern. Die Pfanne beiseite ziehen.
In einer Schüssel den ausgekühlten Pfanneninhalt mit dem Kalbsbrät, einem Ei und der Petersilie vermengen. Sehr würzig abschmecken.
Den Nudelteig auf einer bemehlten Fläche dünn ausrollen. Auf die halbe Teigfläche im Abstand von 3 bis 4 cm jeweils 1 Esslöffel der Füllung setzen. Die Zwischenräume mit einem verquirlten Ei bestreichen. Die andere Teighälfte darüberklappen und mit einem Holzstiel die Zwischenräume fest zusammen drücken. Die Maultaschen mit einem Teigrädchen ausschneiden und in siedendem Salzwasser 3 bis 4 Minuten kochen.
Die Zwiebelstreifen in genügend heißer Butter bräunen, ebenso die Haselnussblättchen. Leicht salzen und pfeffern. Die fertigen Maultaschen auf vorgewärmte, tiefe Teller verteilen und mit braunen Haselnusszwiebeln anrichten.
Servieren Sie dazu einen Löffel Sauerrahm und frische Schnittlauchröllchen. Aber auch in einer schöner Bouillon oder einer leichten Sahnesauce schmecken diese Maultaschen großartig.

Gefüllte Gemüsepfannkuchen

	Zutaten für den Pfannkuchenteig
200 g	Mehl
250 ml	Milch
3	Eier
	Salz
	Butter zum Backen
	Zutaten für die Füllung
1 kg	verschiedene Gemüsesorten, blanchiert und in 1 cm große Stücke geschnitten
200 g	frischer Allgäuer Bergkäse, gerieben
1	Ei
1 EL	frische Kräuter, gehackt
	Salz und Pfeffer
	Currypulver
	Butter für die Auflaufform
	Zutaten für den Eierguss
200 ml	Sahne
150 ml	Milch
4	Eier
1 Prise	Muskat
	Salz und Pfeffer aus der Mühle

Den Ofen auf 180 °C vorheizen.
Aus Mehl, Milch, Eiern und Salz einen glatten Pfannkuchenteig herstellen und dünne Pfannkuchen ausbacken.
Die Gemüsestücke auf einem Tuch abtropfen. In einer Schüssel mit dem Käse, dem Ei, den Kräutern und den Gewürzen vermengen.
Eine größere Auflaufform üppig ausbuttern. Die Pfannkuchen mit der Gemüsemischung belegen, aufrollen und eng aneinander gelegt in die Form schichten.
Sahne, Milch und Eier mit den Gewürzen verschlagen und über die gefüllten Pfannkuchen gießen. Die Auflaufform in den Ofen schieben und die Gemüsepfannkuchen in etwa 45 Minuten fertig backen. Kurz vor dem Servieren noch etwa 10 Minuten ruhen lassen.

Dazu passt eine leichte Pilz-, Tomaten- oder Spinatsauce.

Müslidatschi mit Radieserlsauce

	Zutaten für die Radieserlsauce
250 g	Sahnequark
50 g	Crème fraîche
50 g	Naturjoghurt
1 Bund	Radieserl, gewaschen und in Streifen geschnitten
1 Bund	Schnittlauch, gewaschen und in Röllchen geschnitten
10	Basilikumblättchen, in Streifen geschnitten
	Salz und Pfeffer
1 Prise	Currypulver

	Zutaten für die Datschi
1 kg	Kartoffeln, geschält und fein gerieben
20 g	Korinthen
20 g	Haselnüsse, gehackt
je 20 g	Weizenflocken, Haferflocken und Gerstenflocken, ersatzweise 60 g gemischte Flocken
20 g	Leinsamen
2	Eier
	etwas Salz
1	Karotte, geschält und geraspelt
1	Apfel, geschält und geraspelt
2 EL	Crème fraîche oder Sauerrahm
etwa 80 g	Butterschmalz zum Ausbacken

Den Quark mit der Crème fraîche sowie dem Joghurt glatt rühren. Alle Zutaten nacheinander unterheben, pikant abschmecken.
Die geriebenen Kartoffeln leicht ausdrücken und mit den restlichen Zutaten verrühren.
Etwa 10 Minuten quellen lassen. Das Butterschmalz erhitzen und darin kleine knusprige, goldgelbe Datschis ausbacken, auf Küchenkrepp kurz abfetten. Dazu die Radieserlsauce servieren.

Verwenden Sie kein anderes Fett als Butterschmalz zum Ausbacken – man schmeckt es.
Die Müslidatschis sind auch eine echte Beilagen-Alternative, z. B. zu Geflügel oder Wildgerichten.

Käse – nicht nur zum Brot

Käse-Pfannkücherl

Käse-Kartoffel-Spätzle

Bratkartoffeln mit Birne und Bavaria blue

Allgäuer Bergkäs’ in Salbeibrösel gebacken

Bavaria-blue-Spinat

Miesbacher Käse-Soufflé mit Radieserln und Rucola

Bayerisches Käsefondue

Bayerische Nudelfleckerl „Pasta Bavarese“

Käse-Pfannkücherl

250 ml	Milch
4	Eier, getrennt
120 g	Mehl
100 g	Topfen
	Salz und Pfeffer
40 g	Butter
400 g	verschiedene Käsesorten (Emmentaler, Bavaria blue, Bergkäse, Miesbacher Käse, etc.)
	frische Kräuter nach Jahreszeit

Den Backofen auf 180 °C vorheizen.
Aus Milch, Eidotter, Mehl und Topfen einen sehr glatten Teig herstellen; salzen und pfeffern. Das Eiweiß zu nicht zu steifem Schnee schlagen und unterheben.
In einer entsprechend großen Pfanne die Butter aufschäumen und den Teig etwa $^1/_2$ cm hoch einfüllen, anbacken, wenden und fast fertig backen. Mit der Käsewahl belegen und im Ofen bei 180 °C 3 bis 5 Minuten schmelzen lassen, leicht pfeffern und mit frischen Kräutern garnieren. Gleich in der Pfanne auf den Tisch bringen.

Sowohl „Süßes“ wie „Saures“ passen hervorragend dazu. Am besten bieten Sie beides an und lassen ihre Gäste selbst wählen. Auch ein beliebtes Gericht bei Freunden der fleischlosen Zunft.

Käse-Kartoffel-Spätzle

	Zutaten für den Spätzleteig
300 g	Mehl
3	Eier
125 ml	kaltes Wasser
	Salz
	Muskatnuss, gemahlen
	Zutaten für die Käse-Kartoffeln
2	Zwiebeln, geschält und in dünne Streifen geschnitten
150 g	geräucherter Speck, in dünne Streifen geschnitten
30 g	Butterschmalz
300 g	gekochte Pellkartoffeln, in Scheiben geschnitten
	Salz und Pfeffer
150 g	Emmentaler, frisch gerieben
1 Bund	Schnittlauch, in Röllchen geschnitten
200 g	Bergkäse, frisch gerieben

Aus Mehl, Eiern und Wasser einen Spätzleteig herstellen. Salzen und mit einer Prise Muskat verfeinern. Den Teig mit einem Spätzlehobel in siedendes Salzwasser hobeln. Aufwallen lassen, herausnehmen und in kaltem Wasser abschrecken; abtropfen lassen.
Die Zwiebel- und die Speckstreifen in einer großen Pfanne in Butterschmalz anbraten. Kartoffelscheiben hinzufügen und von allen Seiten knusprig braten. Nach einigen Minuten die Spätzle dazugeben; salzen und pfeffern.
Kurz vor dem Servieren den geriebenen Käse unterheben und die Pfanne vom Herd nehmen. Mit Schnittlauchröllchen garnieren.

Die Käse-Kartoffel-Spätzle am besten in der großen Pfanne servieren. Macht viel Spaß und schmeckt herrlich … Diese bayrisch-schwäbische Variante mundet am besten mit viel frischen Blattsalaten. Mein Vater besteht immer noch auf brauner Butter dazu. Kein Gericht aus der Kategorie „Bayern light“.

Bratkartoffeln mit Birne und Bavaria blue

1 EL	Butterschmalz
1	Zwiebel, geschält und in Streifen geschnitten
800 g	gekochte Pellkartoffeln, geschält und in dicke Scheiben geschnitten
2	Birnen, geschält, entkernt und in dünne Spalten geschnitten
	Salz und Pfeffer
300 g	Bavaria blue, in Scheiben geschnitten
1 EL	Butter
	Schnittlauchspäne

Den Backofen auf 180 °C vorheizen.
In einer großen Pfanne das Butterschmalz erhitzen. Zuerst die Zwiebel, dann die Kartoffeln und die Birnen darin anbraten. Leicht salzen und kräftig pfeffern.
Die Käsescheiben und die Butterflöckchen über die Kartoffelpfanne verteilen. Die Pfanne in den vorgeheizten Ofen schieben und den Käse in etwa 3 bis 5 Minuten leicht schmelzen lassen.
Mit Schnittlauchspänen bestreuen und sofort zu Tisch bringen.

Die Zwiebeln sollten beim Anbraten leicht gebräunt werden – das erhöht den Geschmack. Danach tut ein Birnenschnaps sicher gut.

Allgäuer Bergkäs' in Salbeibrösel gebacken

320 g	reifer Allgäuer Bergkäse
12	schöne Salbeiblätter, klein geschnitten
100 g	Semmelbrösel
	Mehl zum Panieren
2	Eier, verquirlt
100 g	Butter
	frisch gemahlener Pfeffer
100 g	Preiselbeeren
1	Glas süß-saure Gurken

Den Käse in vier gleich große Portionen schneiden. Die Salbeiblätter mit den Semmelbröseln vermengen.
Die Käsescheiben zweimal panieren: Zuerst in Mehl wenden, dann durch die verquirlten Eier ziehen und zuletzt in den Salbei-Semmelbröseln wenden und dabei kräftig andrücken. Beim zweiten Panierdurchgang nur Ei und Brösel, kein Mehl verwenden.
Die panierten Käsescheiben in genügend heißer Butter goldgelb und knusprig ausbacken. Auf Küchenkrepp leicht entfetten und mit einer kräftigen Drehung aus der Pfeffermühle würzen. Dazu Preiselbeeren und Gurken reichen.

Zugegebenermaßen ist dieses Gericht nicht gerade leicht, aber natürlich einmal eine echte Alternative zum doch recht bekannten gebackenen Camembert.
Panieren Sie den Käse doch mal nur in pralinengroßen Stückchen und reichen Sie ihn als kleinen Appetitmacher auf einem Spießerl. Schmeckt auch wunderbar mit Schafskäse.

Bavaria-blue-Spinat

400 g	Blattspinat, gewaschen
1	Schalotte, geschält und fein gewürfelt
1	Knoblauchzehe, geschält und fein gewürfelt
80 g	Butter
150 ml	Crème double
100 g	Bavaria blue, klein gewürfelt
	Salz und Pfeffer

Den Spinat in reichlich kochendem Salzwasser kurz blanchieren. In kaltem Wasser, am besten Eiswasser, abschrecken und anschließend gut ausdrücken.
Schalotte und Knoblauchzehe in 20 g schäumender Butter glasig dünsten. Die Crème double einrühren und kurz aufkochen lassen.
Die Käsewürfel zusammen mit der restlichen Butter in den Topf geben. Mit dem Mixstab zu einer cremigen Sauce schlagen.
Den Spinat klein schneiden und mit der Sauce vermengen. Salzen und pfeffern und kurz aufkochen, fertig.

Dazu passt von Kartoffeln über Reis bis hin zu Nudeln oder gebratenen Knödelscheiben eigentlich alles, was man so gemeinhin als Sättigungsbeilage bezeichnet. Aber vor allem ist dieser Spinat eine hervorragende Gemüsebeilage, sowohl zu Fisch als auch zu Fleisch.
Es gibt auch prima tiefgefrorenen Spinat, der meistens fast aromatischer als der frisch gekaufte Spinat ist.

Miesbacher Käse-Soufflé mit Radieserln und Rucola

2	Schalotten, geschält und fein gewürfelt
1	Knoblauchzehe, geschält und fein gewürfelt
80 g	Butter
80 g	Mehl
300 ml	Milch
50 ml	Weißwein
	Salz, Pfeffer und Muskatnuss
	Butter für die Förmchen
6	Eier, getrennt
120 g	geriebener Bergkäse
1 Würfel	Miesbacher Käse (62,5 g), mit einer Gabel zerdrückt
10 g	Weizenpuder
1 Bund	Radieserln, gewaschen und in Scheiben geschnitten
100 g	Rucola, gewaschen und in mundgerechte Stücke gezupft
	Walnussdressing von Seite 167

Schalotten und Knoblauch in heißer Butter glasig dünsten, mit Mehl bestäuben und kurz mitrösten. Mit Milch und Weißwein aufgießen. Unter ständigem Rühren aufkochen lassen, bis eine kompakte, fast breiige Sauce entstanden ist. Leicht salzen, pfeffern und mit Muskat würzen. Den Topf vom Herd nehmen und die Sauce unter häufigem Rühren abkühlen lassen. In der Zwischenzeit die Förmchen ausbuttern und den Ofen auf 220 °C vorheizen.
In die abgekühlte Sauce die Eidotter, den Bergkäse und den Miesbacher Käse rühren. Das Eiweiß mit Weizenpuder zu steifem Schnee schlagen und vorsichtig unter die Käsemasse heben. Die Förmchen mit der Soufflémasse zu etwa ¾ füllen. In ein kochendes Wasserbad stellen und sofort in den Ofen schieben. Etwa 15 Minuten pochieren lassen, aus dem Wasserbad nehmen und 10 Minuten bei 220 °C überbacken.
Vier Teller mit den Radieserln und dem Salat vorbereiten. Mit dem Walnussdressing anmachen. Die fertigen Käsesoufflés vorsichtig und schnell aus den Förmchen gleiten lassen, auf die vorbereiteten Teller stürzen und sofort servieren, denn Sie wissen ja – ein Soufflé …

Eine feine Geschichte, am besten vor der Süßspeise. Sollten Sie nicht gerade im bayrischen Raum wohnen und somit mit der Beschaffung von Miesbacher Käse Schwierigkeiten haben, können Sie den altbekannten Weinkäse fast genauso gut verwenden. Aber eben nur fast!

Bayerisches Käsefondue

1	Schalotte
1	Knoblauchzehe
400 ml	Frankenwein
	etwas Kümmel
	Salz
	Pfeffer
500 g	Bergkäse, grob gerieben
100 g	Emmentaler, grob gerieben
4 cl	Obstler
1/2 EL	Weizenpuder

Die Schalotte und die Knoblauchzehe abschälen und fein würfeln. Zusammen mit dem Weißwein, dem Kümmel, Salz und Pfeffer in einem Keramik- oder Porzellangefäß aufkochen lassen.
Den geriebenen Käse unter ständigem Rühren einstreuen und schmelzen lassen. Darauf achten, dass das Fondue immer kocht.
Den Obstler mit dem Weizenpuder glatt rühren und das Käsefondue damit leicht binden. Sofort auf einem Rechaud zu Tisch bringen.
Zum Eintauchen ins Käsefondue verschiedene, mundgroß geschnittene Brotsorten (kräftige eignen sich besser) bereit stellen. Dazu passen saure Gurken, Radieserl, Zwiebelchen und Pellkartoffeln.

Eine würzige und lustige Sache in der kalten Jahreszeit. Am besten schmeckt dazu schwarzer Tee. Und der ist auch für den Magen am verträglichsten.

Bayerische Nudelfleckerl „Pasta Bavarese“

Zutaten für den Nudelteig

200 g	Mehl
60 g	Grieß
1 TL	Öl
2	Eier
2	Eidotter
	Salz
1 EL	lauwarmes Wasser

Zutaten für die Käsesauce

50 g	Butter
150 ml	Sahne
je 50 g	Bergkäse, Emmentaler, Bavaria blue, Schmelzkäse, in kleine Stücke geschnitten
	frisch gehackte Kräuter nach Wahl

Aus den ersten Zutaten einen glatten Nudelteig herstellen. Diesen dann abgedeckt etwa ½ Stunde ruhen lassen.
Den Teig auf einer bemehlten Arbeitsfläche ca. 2 mm dünn ausrollen. Davon beliebig große Nudelfleckerl abzupfen oder ausstechen und zum Trocknen auf ein bemehltes Blech legen.
Die Nudelfleckerl in genügend Salzwasser bissfest garen. Abgießen und in schäumender Butter schwenken.
Die Sahne erwärmen und den Käse in kleinen Stückchen einrühren. Nachwürzen ist fast nicht erforderlich, da die Sahne und der Käse sich geschmacklich sehr gut ergänzen.
Die Nudelfleckerl in die Sauce geben, darin schwenken und mit viel frischen Kräutern servieren.

Man sieht, dass es von Bayern nach Italien nur ein kurzer Sprung über den Brenner ist …

Für alles eine Sauce – Grundrezepte

Braten-Grundsauce für Kalb, Schwein oder Lamm

Zutaten für etwa 2 Liter

	Öl zum Braten
1,5 kg	Knochen, klein gehackt
3	mittelgroße Zwiebeln, gewaschen, geviertelt mit Schale
2	Karotten, gewaschen und in Stücke geschnitten (nicht geschält)
1/4	Sellerieknolle, gewaschen und in Stücke geschnitten (nicht geschält)
1/2 Stange	Lauch, gewaschen und in Stücke geschnitten
2	Knoblauchzehen, geschält und in Stücke geschnitten
1 Bund	Petersilie, gewaschen und abgetropft
1 EL	Tomatenmark
250 ml	Wein
1 TL	weiße Pfefferkörner
3	Lorbeerblätter, zerbröselt
2,5 l	Wasser oder Brühe

Das Öl erhitzen und darin die Knochen (auch die Sehnen) von allen Seiten kräftig anbräunen. Das Gemuse einstreuen und weitere 8 Minuten braten.
Das Tomatenmark hinzufügen, das Ganze rösten und nach und nach mit Wein ablöschen – dabei immer wieder die gesamte Flüssigkeit einkochen lassen. Je langsamer Sie den Wein zugießen, desto intensiver wird der Geschmack. Die Pfefferkörner, Lorbeerblätter und die entsprechenden Gewürze beigeben.
Mit Wasser oder besser Brühe aufgießen und bei reduzierter Hitze mindestens 2 Stunden köcheln lassen. Zwischendurch immer wieder abschäumen.
Die Sauce durch ein Sieb passieren, auf die gewünschte Menge und Stärke einkochen, auskühlen lassen und griffbereit für den Gebrauch in den Kühlschrank stellen.

Je nach Saucenart die entsprechenden Knochen und Abschnitte verwenden. Für eine gehaltvolle Lammsauce Kräuter wie Thymian, Basilikum, Rosmarin und Minze verwenden, für Schwein Kümmel und mehr Zwiebeln, für Kalb Rosmarin und Salbei.
Um einen Saucenvorrat für längere Zeit aufzubewahren, ein kleiner Tip: Reduzieren Sie die Grundsauce ganz stark und frieren Sie sie im Eiswürfelbereiter ein. So haben Sie immer eine Grundsauce quasi portionsweise in bester Qualität parat.

Grundbrühe für Fisch

Zutaten für 2 Liter

1 kg	Karkassen (Gräten, Köpfe, Flossen am besten von Waller, Hecht, Seezunge etc., aber nicht von sehr fetten Fischen)
6	Schalotten, geschält und fein gehackt
40 g	Staudensellerie, gewaschen und klein geschnitten
80 g	Lauch, gewaschen und klein geschnitten
50 g	Fenchel, gewaschen und klein geschnitten
1 EL	Olivenöl
100 ml	Weißwein
1,5 l	Wasser
3	Lorbeerblätter
1 TL	weiße Pfefferkörner
2	Nelken
3	Wacholderbeeren
50 g	Kräuter (Dill, Kerbel, Petersilie, Basilikum, Thymian)
20 ml	Noilly Prat (Wermut)
	Saft von ½ Zitrone

Die Karkassen solange kalt abwaschen, bis das Wasser klar bleibt. Das Gemüse in Olivenöl anbraten. Die Fischkarkassen hinzufügen, einige Minuten weiterbraten und mit Weißwein ablöschen. Mit Wasser aufgießen und kurz aufkochen lassen.

Die Gewürze, die Kräuter sowie den Wermut und den Zitronensaft beigeben. Bei geringer Hitze etwa 20 Minuten köcheln lassen, dabei immer wieder abschäumen. Danach vom Feuer nehmen und 20 Minuten ruhen lassen.

Anschließend durch ein mit einem Tuch ausgelegtes Sieb gießen und bis zum Gebrauch kalt stellen.

Nach dem ersten Aufkochen mit etwas kaltem Wasser abschrecken, dann kann sich der Fond besser klären.

Übrigens – Fonds lassen sich ebenso portionsweise einfrieren, wie bei den Grundsaucen für Kalb, Schwein oder Lamm beschrieben!

Grundsauce für Geflügel

Zutaten für etwa 2 Liter

1 kg	Geflügelknochen und Innereien (Hälse, Kragen, Herzen, Mägen), gut abgespült
300 g	Röstgemüse (Sellerie, Lauch, Zwiebel, Petersilienwurzel), klein gewürfelt
1 EL	Tomatenmark
250 ml	Weißwein
1 TL	Pfefferkörner
4	Lorbeerblätter
5	frische Thymianzweige
2,5 l	Geflügelbrühe oder Wasser

Die Geflügelknochen im Bräter von allen Seiten kräftig anbraten. Das Röstgemüse hinzufügen und das Ganze weiterbraten. Tomatenmark zugeben und rösten. Mit einem Schuss Wein ablöschen und den Vorgang so oft wiederholen, bis der Wein aufgebraucht ist.
Die Gewürze beigeben und die Brühe eingießen. Bei mittlerer Hitze etwa 1 Stunde köcheln lassen. Durch ein Sieb passieren, abschmecken und nach Belieben mit Kartoffelstärke leicht binden.

Um einen kräftigen Geschmack und eine dunkle Farbe zu erhalten, ist es ratsam, immer wieder mit (wenig) Flüssigkeit abzulöschen, wenn das Bratgut kurz vor dem Ansetzen ist. Diesen Zeitpunkt bekommt man beim Kochen sehr schnell heraus …
Eine Grundsauce für helles Geflügel wie Hähnchen, Fasan oder Truthahn wird hell gehalten und dafür wird Weißwein verwendet. Für „Dunkles“ wie Ente oder Gans wird Rotwein gewählt.
Vorratshaltung wie bei Grundsaucen für Schwein, Kalb und Lamm bereits beschrieben.

Grundsauce für Wild

Zutaten für 1 Liter

1 kg	Wildknochen (Sehnen und Abschnitte), klein gehackt
2 EL	Öl
300 g	Röstgemüse (Sellerie, Lauch, Zwiebel, Karotte), gewürfelt
1	Apfel, gewürfelt
1/2	Orange, gewürfelt
1 EL	Tomatenmark
500 ml	Rotwein
1 TL	schwarze Pfefferkörner
4	Lorbeerblätter
2	Nelken
1 EL	Wacholderbeeren, zerdrückt
1	Zimtstange
1/2 TL	Senfkörner
5	frische Thymianzweige
1	frischer Rosmarinzweig
60 g	Mehl
2 EL	Preiselbeeren
2,5 l	Brühe oder Wasser
	Salz und Pfeffer
	Zucker
	etwas Senf

Die Knochen in heißem Öl von allen Seiten scharf anbräunen. Das Röstgemüse, die Früchte sowie das Tomatenmark hinzufügen und das Ganze unter kräftigem Rühren weiter braten. Schluckweise mit Rotwein ablöschen, ganz einkochen lassen, denn so wird der Saucengeschmack wesentlich intensiver. Die Sauce wird dunkler und bekommt einen seidenen Glanz.
Die Gewürze zugeben, das Mehl einrühren und nochmals kurz rösten. Die Brühe angießen und die Sauce bei reduzierter Hitze etwa 2 Stunden köcheln lassen, dabei immer wieder abschäumen. Mit Salz, Pfeffer, Senf und Zucker abschmecken. Durch ein Sieb gießen und bis zur Verwendung kalt stellen.

Vorratshaltung wie bei Grundsaucen für Schwein, Kalb und Lamm bereits beschrieben.

Rinderbrühe

Zutaten für ca. 3 Liter

1 kg	Rinderknochen, vom Metzger zerkleinert
400 g	Markknochen
600 g	Ochsenfleisch (Brust, Schulter oder Tafelspitz)
1	Zwiebel, ungeschält und halbiert
3	Lorbeerblätter
2	Nelken
4	Wacholderbeeren
1 TL	weiße Pfefferkörner
100 g	Sellerie, geschält und grob geschnitten
100 g	Karotte, geschabt und grob geschnitten
100 g	Lauch, gewaschen und grob geschnitten
1	Knoblauchzehe, geschält und grob gehackt
1	Tomate, gewaschen und halbiert
1/2 Bund	Petersilie, gewaschen
4 bis 5 l	Wasser

Die Knochen in kochendem Wasser kurz blanchieren, herausnehmen und kalt abspülen. In einen Topf legen und mit kaltem Wasser aufgießen. Zum Kochen aufstellen und beim ersten Aufkochen das Fleisch hinzufügen.
Die Zwiebel mit den Schnittflächen auf der Herdplatte bräunen und in die Suppe geben (intensiviert den Geschmack und die Farbe). Die Gewürze einstreuen und die Brühe bei reduzierter Hitze etwa 3 bis 4 Stunden leise köcheln lassen. Die Oberfläche öfter abschäumen.
Das Suppengemüse die letzte halbe Stunde hinzufügen. Sobald das Fleisch gar ist, dieses aus der Suppe nehmen und in kaltes Wasser legen. Die Brühe durch ein Sieb passieren. Erst unmittelbar vor der Verwendung salzen.

Möchten Sie die Brühe hell halten, so lassen Sie die gebräunte Zwiebel weg. Das Fleisch können Sie anderweitig verwenden!

Kartoffel-Dressing

Zutaten für 1,5 Liter

400 g	Kartoffeln, geschält und grob zerkleinert
500 ml	Brühe
1	Lorbeerblatt
1 bis 2	Knoblauchzehen, geschält und fein gewürfelt
1 Stück	Speckschwarte
10 g	Salz
5 g	Pfeffer
10 g	Feinwürzmittel
125 ml	Essig 5%
125 ml	Sahne
100 g	Zwiebeln, fein gewürfelt
100 g	Speck, fein gewürfelt
250 ml	Öl
	etwas Majoran

Die Kartoffeln in der Brühe mit Lorbeerblatt, Knoblauch und Speckschwarte weich kochen. Anschließend die Schwarte und das Lorbeerblatt entfernen. Salz, Pfeffer, Feinwürzmittel, Essig sowie Sahne beigeben und alles kurz durchmixen (nicht zu lange, sonst wird alles klebrig).
Die Zwiebel- und die Speckwürfel in etwas Öl anbraten und in das Dressing einrühren. Das Öl langsam einschlagen und mit etwas (zwischen den Händen) geriebenem Majoran abschmecken. Je nach Kartoffelsorte noch etwas verdünnen.

Am besten schmeckt das Dressing lauwarm zu allen Blattsalaten – vor allem aber zu Feldsalat. Kühl gelagert lässt sich das Dressing etwa 5 Tage aufbewahren.

Geitls fein-würzige Salatsauce und Walnuss-Dressing

Geitls fein-würzige Salatsauce, Zutaten für 1,5 Liter

1 bis 2	Knoblauchzehen, grob gehackt
100 g	Zwiebeln, grob gehackt
25 g	Salz
10 g	Pfeffer
1	Ei
10 g	Feinwürzmittel
40 g	mittelscharfer Senf (Develey)
300 ml	Wasser
1 l	Öl
140 ml	Essig 5%

Knoblauch, Zwiebeln mit Salz, Pfeffer, Ei, Feinwürzmittel, Senf und der Hälfte des Wassers im Mixer fein aufschlagen. Das Öl langsam einrühren, zuletzt Essig und Wasser beigeben.
Die Mengenbeigabe von Wasser kann je nach Intensität von Knoblauch und Essig sowie nach Jahreszeit etwas variieren.
Die Salatsauce wird ganz cremig und weiß.

Walnuss-Dressing, Zutaten für 1,2 Liter

350 ml	Pflanzenöl
350 ml	Walnussöl
20 g	Salz
10 g	Pfeffer
30 g	Zucker
350 ml	Wasser
100 ml	Sherry-Essig
80 g	Walnüsse, gehackt
20 g	Feinwürzmittel

Sämtliche Zutaten im Küchenmixer oder mit dem Schneebesen zu einem pikanten Dressing kräftig verrühren.
In Flaschen abfüllen und bis zur Weiterverarbeitung kalt stellen. Vor Gebrauch gut schütteln bzw. wieder verrühren.

Bei kühler Lagerung lässt sich das Salatdressing bis zu 4 Wochen aufbewahren (nicht abdecken). Bei Gebrauch eventuell noch etwas verdünnen. Je größer die zubereitete Menge dieser Salatsauce, desto besser wird sie, aber bitte fragen Sie mich nicht, warum.

Lauter süße Sachen

Erdbeerknödel auf Aprikosensauce

Lebkuchen-Gugelhupf

Preiselbeereis-Parfait

Mohnkuchen

Bayerischcreme „Classico“

Kastanien-Spaghetti mit halb geschlagener Kirschsahne

Apfelkücherl in der Mandelkruste gebacken

Beeren mit Vanille-Zimt-Schaum überbacken

Tiramisu mit Weißbier

Kaiser-Schmarr’n

Topfen-Soufflé auf Blaubeerragout

Hollerkücherl

Buttermilch-Pfannkücherl mit Aprikosenkompott

Zitronenmaultaschen

Beeren-Joghurt-Sülze auf Saucenmalerei

Erdbeerknödel mit Aprikosensauce

	Zutaten für den Topfenteig
50 g	weiche Butter
1	Ei
50 g	Zucker
	Salz
	abgeriebene Schale von 1/2 Zitrone
200 g	trockener Topfen oder Schichtkäse
120 g	Mehl
8 bis 10	große Erdbeeren, gewaschen und geputzt
1	kleine Dose Aprikosen
1 Schuss	Aprikosen- oder Orangenlikör
	Zutaten für die Zuckerbrösel
2 EL	Semmelbrösel
30 g	Butter
1 EL	Zucker
	etwas Zimt

Die Butter mit dem Ei, Zucker, dem Salz und der Zitronenschale aufschlagen. Den Topfen in einem Tuch fest auspressen und durch ein feines Sieb drücken. Topfen und Mehl unter die Buttermasse kneten. Anschließend den Teig für etwa 1 Stunde in den Kühlschrank stellen.
Den gekühlten Topfenteig auf einer bemehlten Arbeitsfläche 1/2 cm dick ausrollen. Je eine Erdbeere in einen ausgeradelten Teigflecken wickeln, der doppelt so groß ist. Die Knödel fest nachformen und in siedendem Salzwasser 10 Minuten ziehen lassen. Mit einem Schaumlöffel herausnehmen und auf einem Tuch abtropfen lassen.
Die Aprikosen mit wenig Saft und einem Schuss Aprikosenlikör im Küchenmixer fein pürieren. Für die Zuckerbrösel Butter, Zucker und Brösel in einer Pfanne leicht rösten, eine Prise Zimt beigeben. Die Erdbeerknödel darin wenden und mit der Aprikosensauce anrichten (Foto S. 168).

Es geht auch umgekehrt: Machen Sie aus 1/2 Aprikose die Knödel und aus Erdbeeren die Sauce. Dazu benötigt man allerdings mehr Topfenteig und mehr Erdbeeren.

Lebkuchen-Gugelhupf

120 g	Butter
60 g	Puderzucker
6	Eidotter
100 g	flüssige Schokolade
2 TL	Lebkuchengewürz
	Mark von 2 Vanilleschoten
	Salz
2 TL	Zimt
1 Prise	Nelkenpulver
	Bittermandelaroma
120 g	Biskuitbrösel (oder Kuchenbrösel)
30 g	Walnüsse, gemahlen
25 g	Weizenpuder
6	Eiweiß
60 g	Zucker
	Butter und Zucker für die Gugelhupfform

Den Ofen auf 160 °C vorheizen.
Butter und Zucker schaumig rühren. Die Eidotter beigeben und weiter schaumig schlagen. Nach und nach alle Zutaten einschließlich den Weizenpuder in angegebener Reihenfolge unterrühren.
Das Eiweiß mit dem Zucker cremig, aber nicht steif aufschlagen, dann vorsichtig unter die Lebkuchenmasse heben. Eine entsprechende Gugelhupfform ausbuttern, mit Zucker ausklopfen und die Masse zu ¾ einfüllen.
Den Lebkuchen-Gugelhupf in den Ofen schieben und etwa 45 Minuten backen. Herausnehmen, 20 Minuten ruhen lassen, anschließend stürzen.

Am besten schmeckt der „Hupf" lauwarm. Zimmertemperatur sollte er aber immer haben (nicht im Kühlschrank lagern).
Dazu Glühwein oder Punsch reichen. Schmeckt auch als Dessert mit Eis und saurem Rahm hervorragend.
Übrigens: Trockener Sandkuchen lässt sich auf diese Weise prima verarbeiten.

Preiselbeereis-Parfait

1	Ei
3	Eidotter
70 g	Zucker
10 g	Vanillezucker
400 g	Preiselbeerkompott
	Saft von 1 Zitrone
300 ml	geschlagene Sahne

Das Ei, die Eidotter, den Zucker und den Vanillezucker über einem heißen Wasserbad aufschlagen. Sobald die Eiermasse cremig und luftig erscheint, mit dem Mixer kalt schlagen.
Die Hälfte der Preiselbeeren mit dem Pürierstab fein zermusen und mit der anderen Hälfte unter die schaumige Eimasse rühren. Mit Zitronensaft verfeinern.
Zuletzt die geschlagene Sahne unterheben und in eine entsprechende Form (ca. 1 l) füllen. Für mindestens 4 Stunden in den Gefrierschrank stellen.
Das Parfait mit einem erwärmten Messer aufschneiden und mit etwas Preiselbeeren anrichten.

Auf nebenstehendem Foto sehen Sie das Preiselbeereis-Parfait mit einem Stück Mohnkuchen, Rezept Seite 174.
Dieses Eisparfait-Rezept ist ebenso für andere Kompottsorten geeignet, wie z. B. für Blaubeeren, Holunder, Erdbeeren etc.

Mohnkuchen

100 g	Butter
100 g	Zucker
4	Eier, getrennt
1 Schuss	Rum
30 g	Mehl
30 g	Semmelbrösel
150 g	gemahlener Mohn
	Butter für die Kuchenform
	Puderzucker zum Bestäuben

Den Ofen auf 175 °C vorheizen.
Die Butter mit der Hälfte vom Zucker schaumig schlagen. Die Eidotter sowie Rum, Mehl, Semmelbrösel und Mohn hinzufügen.
Das Eiweiß mit dem restlichen Zucker cremig schlagen und unter die Masse heben. Eine beliebige Kuchenform ausbuttern und mit Mehl ausklopfen. Den Kuchenteig einfüllen und im Ofen etwa 45 Minuten backen.
Den fertigen Kuchen herausnehmen und 10 Minuten ruhen lassen. Aus der Form stürzen und mit Puderzucker bestreuen.
Am besten schmeckt der Mohnkuchen lauwarm zu einer Tasse Kaffee, aber auch als Dessert mit etwas Fruchtmark und Eis.

Der Mohnkuchen ist auf Seite 173 als Beilage zum Preiselbeer-Eis-Parfait abgebildet.

Bayerischcreme „Classico“

3 Blatt	Gelatine
250 ml	Milch
1	Vanillestange
3	Eidotter
50 g	Zucker
250 ml	geschlagene Sahne

Die Gelatine in kaltem Wasser einweichen. Die Milch mit dem Mark der Vanillestange aufkochen. Die Eidotter und Zucker schaumig rühren.
Die heiße Milch langsam und unter ständigem Rühren in die Eiercreme eingießen. Über einem heißen Wasserbad solange weiterrühren, bis die Masse merklich dicker ist. Die Gelatine fest ausdrücken und in der aufgeschlagenen Creme auflösen, dann kalt rühren.
Sobald die Creme leicht fest wird, d. h. wenn die Gelatine ihre Wirkung zeigt, die geschlagene Sahne unter die Creme heben. In Portionsschalen füllen und für mindestens 1 bis 2 Stunden in den Kühlschrank stellen.
Dazu säurehaltige Fruchtsaucen wie z. B. aus Himbeeren oder Erdbeeren reichen.

Falls Sie das Dessert stürzen möchten, sollten Sie ein Blatt Gelatine mehr verwenden.
Die Bayerischcreme ist ein echter Klassiker unter der Vielfalt der Desserts. Die Creme dient zudem als Grundlage für verschiedene Geschmacksrichtungen. Bevor die Schlagsahne untergehoben wird, den gewünschten Geschmack in Form von Aprikosenpüree, Schokolade, Zimt, Nusspaste etc. beigeben.

Kastanien-Spaghetti mit halb geschlagener Kirschsahne

300 g	Kastanien (Maronen), geschält
250 ml	Milch
500 ml	Sahne
50 g	Zucker
1 TL	Vanillezucker
	Kirschwasser
	Kirscharoma
	Puderzucker und frische Minzeblättchen für die Garnitur

Die Kastanien in Milch und 250 ml Sahne unter Zusatz von Zucker in etwa 20 Minuten weich kochen. Anschließend das Ganze in der Küchenmaschine fein pürieren, gegebenenfalls noch etwas Milch hinzufügen.
Die restliche Sahne mit dem Vanillezucker, dem Kirschwasser und Kirscharoma halb steif schlagen. Das Kastanienpüree durch eine Spätzlepresse auf die Kirschsahne drücken. Mit Puderzucker und Minzeblättchen garnieren.

Nicht gerade eine leichte Nachspeise, aber sicher eine Sünde wert.
Das Foto zeigt das Gericht garniert mit einer gebackenen Kirsche und einer Marzipankastanie.

Apfelkücherl in der Mandelkruste gebacken

2	Äpfel (Gloster oder Granny Smith)
150 g	Mehl
1	Eidotter
125 ml	helles Bier
	Salz
1 EL	Öl
2	Eiweiß
30 g	Zucker
	Mehl zum Wenden
50 g	gehobelte Mandeln
	Fett zum Ausbacken
100 g	Zucker
1 EL	Zimt

Die Äpfel schälen, mit einem Rundstecher vom Kerngehäuse befreien und jeweils in vier große Ringe schneiden.
Aus dem Mehl, dem Eidotter, dem Bier, einer Prise Salz und dem Öl einen flüssigen Ausbackteig herstellen. Das Eiweiß mit Zucker steif schlagen und unter den Teig heben.
Die Apfelringe in Mehl wenden, zuerst in den Bierteig tauchen und anschließend eine Seite der Kücherl noch in den Mandeln wälzen. Sofort in heißem Fett von jeder Seite 2 bis 3 Minuten schwimmend ausbacken.
Aus dem Fett herausnehmen und auf einem Gitter abtropfen lassen. Den Zucker mit dem Zimt vermengen und die Apfelringe darin wenden.
Dazu noch etwas gesüßten sauren Rahm und Eis servieren.

Apfelkücherl, so meine ich, sind hinreichend bekannt und beliebt, aber mit den Mandeln werden sie „delikatissimo“.

Beeren mit Vanille-Zimt-Schaum überbacken

500 g	gemischte Beeren, verlesen, gewaschen und trocken getupft
2 Päckchen	Vanillezucker
1 EL	Zitronensaft
2 bis 3 EL	Zucker
50 ml	Cassislikör

	Zutaten für den Vanille-Zimt-Schaum
200 ml	Sekt
3	Eier, getrennt
40 g	Zucker
1 Päckchen	Vanillezucker
	Mark von 1 Vanilleschote
1 Prise	gemahlener Zimt

Die Früchte in einer Schüssel mit Vanillezucker, Zitronensaft, Zucker und Cassislikör vorsichtig vermengen; etwa 10 Minuten ruhen lassen. Anschließend auf vier tiefe Teller verteilen.
Den Sekt in eine hitzebeständige Schüssel gießen. Mit den Eidottern, dem Zucker, dem Vanillemark und etwas Zimt verrühren.
Den Ofen auf 210 °C vorheizen.
Die Schüssel auf ein heißes Wasserbad setzen und das Sekt-Ei-Gemisch so lange schlagen, bis ein cremig luftiger Schaum entstanden ist. Die Schüssel vom Wasserbad nehmen und die Sauce kalt schlagen. Zuletzt das Eiweiß zu Schnee schlagen und unterheben.
Den Vanille-Zimt-Schaum auf den marinierten Früchten verteilen. In den vorgeheizten Ofen schieben und in 8 bis 10 Minuten überbacken. Sofort servieren.

Falls Sie tiefgefrorene Beeren verwenden, bitte darauf achten, dass diese völlig aufgetaut und gut abgetupft weiterverwendet werden. Je nach Gusto lassen sich auch andere Früchte für dieses Rezept verwenden.
Dazu passen diverse Speiseeissorten und Gebäck.

Tiramisu mit Weißbier

3	Eidotter
50 g	Zucker
10 g	Vanillezucker
250 g	Mascarpone
375 ml	Weißbier
1 Prise	gemahlener Zimt
1 Prise	gemahlener Piment
	Korianderkörner, zerstoßen
150 g	Löffelbiskuits
60 g	Pumpernickel, gerieben und geröstet
	Folie zum Abdecken
	frische Minzeblätter
	ein paar frische Himbeeren
	Puderzucker zum Bestäuben

Eidotter, Zucker und Vanillezucker schaumig rühren, Mascarpone vorsichtig unterrühren.
Das Weißbier mit Zimt, Piment und Koriander verquirlen.
Die Hälfte der Löffelbiskuits in eine flache Form oder Schüssel dicht nebeneinander setzen. Die Hälfte von dem gewürzten Weißbier darüber träufeln und darauf einen Teil Mascarponemasse streichen.
Die restlichen Löffelbiskuits auf die Creme setzen und diese wiederum mit Mascarponemasse bestreichen. Das fertige Tiramisu mit gerösteten Pumpernickelbröseln gleichmäßig bestreuen. Mit Folie abdecken und am besten über Nacht im Kühlschrank ziehen lassen.
Das Tiramisu mit einem Löffel, der nach jedem Portioniervorgang unter heißes Wasser gehalten wird, ausstechen. Die Teller mit frischen Minzeblättern und frischen Himbeeren dekorieren (siehe Foto) und üppig mit Puderzucker bestäuben.

Verehrte Damen und Herren der etwas extravaganten Desserts, dieses ist etwas für Sie!

Kaiser-Schmarr'n

50 g	Rosinen
1 Stamperl	Birnenschnaps
1 Stamperl	Grand Marnier
150 g	Mehl
1 Prise	Salz
30 g	Zucker
1 Päckchen	Vanillezucker
300 ml	Milch
100 ml	Sahne
4	Eier
60 g	Butter
30 g	Mandelstifte, leicht gebräunt
etwa 30 g	Puderzucker

Rosinen in Birnenschnaps und Grand-Marnier einlegen.
Aus Mehl, Salz, Zucker, Vanillezucker, Milch und Sahne flott einen glatten Teig rühren. In diesen die Eier einschlagen, dabei ist wichtig, dass jetzt nur noch so viel gerührt wird, dass die Eier gerade aufgelöst sind.
Die Hälfte der Butter in einer (oder zwei) großen Pfannen aufschäumen. Den Teig maximal 2 cm hoch einfüllen. Mit Rosinen und Mandeln bestreuen. Kurz anbacken und danach bei etwa 200 °C 5 bis 10 Minuten im Ofen weiterbacken. Herausnehmen, den Schmarr'n wenden und auf der Herdplatte fertig stellen.
Mit zwei Gabeln in nicht zu kleine Stücke zerreißen, restliche Butter beigeben, den Puderzucker darüber streuen und den Schmarr'n leicht karamelisieren.
Vor dem Servieren nochmals leicht mit Puderzucker bestreuen.

Dazu reichen Sie je nach Lust, Laune und Anlass, Kompotte aller Art, glacierte Erdbeeren oder aber auch gar nichts. Denn zum Kaffee schmeckt er auch prima.
Übrigens: Den Schnaps, in dem Sie die Rosinen eingeweicht haben, strecken Sie noch etwas, erwärmen ihn und flambieren damit den Schmarr'n, denn manchmal muss ein bisserl Show sein.
Durch das geringe Verrühren der Eier sparen Sie sich das Schneeschlagen.

Topfen-Soufflé auf Blaubeerragout

250 g	Topfen
3	Eier, getrennt
75 g	Puderzucker
125 g	Sauerrahm
20 g	Puddingpulver mit Vanillegeschmack
400 g	frische Blaubeeren, gewaschen, verlesen und trocken getupft
	Zucker nach Bedarf
1 EL	Weizenstärke

Den Ofen auf 170 °C vorheizen.
Topfen, Eidotter, Puderzucker und Sauerrahm glatt rühren. Das Eiweiß mit Cremepulver cremig, aber nicht steif schlagen. Unter die Topfenmasse heben. Souffléförmchen oder Kaffeetassen mit Butter auspinseln und mit Kristallzucker ausklopfen. Die cremige Masse zu ¾ in die Förmchen füllen und sofort im Ofen ca. 25 Minuten backen.
Für das Blaubeerragout die frischen Blaubeeren mit Zucker kurz aufkochen. Die Weizenstärke mit etwas Wasser anrühren und das Ragout leicht binden.
Die Soufflés nach dem Backen aus den Förmchen stürzen und sofort auf dem Blaubeerragout anrichten.

Es passen auch andere Saucen wie z. B. Aprikosen, Erdbeeren, Zwetschgen, Schokolade und Fruchtpürees dazu!
Achtung: Beim Soufflé ist es genauso wie bei manchen anderen Dingen im Leben. Es fällt leider oft zu schnell zusammen.

Hollerkücherl

250 ml	Milch
180 g	Mehl
2	Eier
	Salz
8	Holunderblütenzweige, gewaschen und gut abgetropft
	Fett zum Ausbacken
	Zimt
	Zucker

Aus Milch, Mehl, Eiern und einer Prise Salz einen glatten Pfannkuchenteig herstellen.
Die Holunderblüten in den Teig tauchen, kurz abtropfen lassen und in heißem Fett (etwa 170 °C) ausbacken.
Mit Zimt und Zucker bestreuen und sofort servieren.

Der Holunder blüht etwa Ende Mai bis Ende Juni. Die gebackenen Blüten haben einen leicht herben Geschmack, der für seine Liebhaber eine ganz besondere Delikatesse ist.
Dazu passen Vanillesauce oder – wie auf dem Foto – Blaubeerkompott am besten.

Buttermilch-Pfannkücherl mit Aprikosenkompott

200 ml	Buttermilch
2	Eidotter
50 ml	Crème fraîche
1	Ei
30 g	Zucker
120 g	Mehl
	Saft und abgeriebene Schale von 1/2 Zitrone
25 g	Butter, flüssig
	Salz
	Butter zum Ausbacken
2 EL	Aprikosenmarmelade
1	kleine Dose Aprikosen
1 TL	Weizenpuder
	etwas Aprikosenschnaps
3 EL	Sauerrahm

Die Buttermilch mit den Eidottern, der Crème fraîche, dem Ei, dem Zucker, dem Mehl, Zitronensaft, Abgeriebenem der Zitronenschale, der flüssigen Butter und etwas Salz zu einem glatten Pfannkuchenteig verrühren.
Aus dem Teig kleine Pfannenkuchen in Butter ausbacken und warm stellen.
Den Doseninhalt in ein Sieb abgießen und dabei den Saft auffangen. Diesen mit etwas angerührter Weizenstärke ganz leicht andicken. Die Aprikosen in Spalten schneiden und in den angedickten Saft einlegen. Zuletzt mit Aprikosenschnaps parfümieren.
Die Pfannkuchen zunächst mit der Aprikosenmarmelade bestreichen und anschließend mit dem Aprikosenkompott füllen, auf Teller legen, mit Sauerrahm beträufeln und mit Puderzucker überstäuben.

Dazu passt Eis hervorragend!
Natürlich sollten Sie zur entsprechenden Saison frische Früchte verwenden.

Zitronenmaultaschen

	Zutaten für den Teig
125 g	Mehl
1	Ei
2 EL	Öl
	etwas lauwarmes Wasser

	Zutaten für die Füllung
250 ml	Milch
60 g	Zucker
	etwas Zitronensaft
	abgeriebene Schale von 1 Zitrone
25 g	Puddingpulver (Zitrone oder Vanille)
1	Eidotter, verquirlt

	Zutaten zum Fertigstellen
2 EL	Butter
1 EL	Zucker

Mehl, Ei, Öl und etwas Wasser zu einem geschmeidigen, nicht zu festen Teig kneten. Die Teigoberfläche dünn mit Öl bestreichen, mit Folie abdecken und 1 Stunde im Kühlschrank ruhen lassen.

Die Milch mit dem Zucker und der Zitronenschale aufkochen lassen. Das Stärke- oder Puddingpulver mit etwas zurückgehaltener Milch glattrühren und in die kochende Milch einrühren. Den Topfinhalt leicht abkühlen lassen und mit dem Zitronensaft und der abgeriebenen Zitronenschale verfeinern.

Den Nudelteig auf einer bemehlten Arbeitsfläche möglichst dünn ausrollen. Auf die eine Hälfte des Teiges, im Abstand von etwa 4 cm, kleine Kleckse vom Zitronenpudding auflegen.

Die andere Teighälfte dünn mit dem verquirltem Eidotter bestreichen und über die gefüllte Teighälfte schlagen. Die Zwischenräume fest zusammendrücken und mit einem Teigrädchen Maultaschen ausradeln.

In siedendes Salzwasser legen und 2 bis 3 Minuten kochen lassen.

Die fertigen Maultaschen auf einem Tuch gut abtropfen lassen. Die Butter in der Pfanne schmelzen, Zucker einstreuen und die Maultaschen einlegen. Auf beiden Seiten karamelisieren lassen.

Auf einer Himbeersauce anrichten und nach Belieben mit frischen Früchten garnieren.

Beeren-Joghurt-Sülze auf Saucenmalerei

Zutaten für eine Terrine oder eine Gugelhupfform

3	Eidotter
150 g	Topfen
120 g	Zucker
	Saft von 1 Zitrone
400 g	Joghurt
8 Blatt	Gelatine
200 g	Beeren der Saison, gewaschen, verlesen und trocken getupft
200 ml	Sahne, steif geschlagen
3	verschiedene Saucen à 60 g, z. B. Aprikosen, Erdbeeren
	Sauerrahm
	Klarsichtfolie für die Form

Die Eidotter mit Topfen, Zucker, Zitronensaft und Joghurt gründlich verrühren. Die Gelatine in kaltem Wasser einweichen, ausdrücken und mit drei Esslöffeln Ei-Topfen-Masse leicht erwärmen (dadurch löst sich die Gelatine auf). Anschließend unter die ganze Masse mischen.
Die Beeren mit der Schlagsahne unter die Joghurtmasse heben. Eine entsprechende Form mit Klarsichtfolie auslegen und das Ganze einfüllen. Mit Klarsichtfolie abdecken und für mindestens 3 Stunden kalt stellen.
Die Saucen auf Teller aufgießen. Mit einem Gabelgriff oder einem Holzspießchen die Saucen ineinanderziehen. Die Joghurtsülze in Scheiben schneiden und auf den Teller legen.
Mit frischen Minzeblättern und einigen Beeren garnieren.

Besonders leicht – und wie Sie sehen – auch etwas fürs Auge.

Alphabetisches Register

Register